# O MÁGICO DOS SONS

## UM MÉTODO MODERNO DE INICIAÇÃO AO PIANO POR MÁGICA

FACÍLIMO E DISTRAÍDO PARA ALEGRAR E ESTIMULAR AS *crianças*

APROVADO NO CONSERVATÓRIO BRASILEIRO DE MÚSICA, SERVIÇO DE EDUCAÇÃO MUSICAL DO ESTADO E EM QUASE TODAS AS ESCOLAS DE MÚSICA DO BRASIL.

Nº Cat.: 254-M

Irmãos Vitale Editores Ltda.
vitale.com.br
Rua Raposo Tavares, 85  São Paulo  SP
CEP: 04704-110  editora@vitale.com.br  Tel.: 11 5081-9499

© Copyright 1967 by Irmãos Vitale Editores Ltda. - São Paulo - Rio de Janeiro - Brasil.
Todos os direitos autorais reservados para todos os países. *All rights reserved.*

À PROFESSORA BELMIRA CARDOSO
(DO CONSERVATÓRIO BRASILEIRO DE MÚSICA)

*Pelo cuidado e zelo, com que ajudou na revisão da 5.ª Edição deste livro, mostrando seu grande conhecimento didático, agradeço sua solidariedade.*

MÁRIO MASCARENHAS

## AGRADECIMENTO

*Com o mais alto entusiasmo e reconhecimento agradeço a cooperação preciosa das professoras Rachel Mendonça Castro, Zélia Lima Furtado e Altair Celina Gomes, professoras do Conservatório Brasileiro de Música, na elaboração desta obra; às professoras Gilda Barbastefano Lauria e Sofia Vieira Freitas, pelas palavras de estímulo e pela magnífica revisão e aprovação deste livro no programa de piano do C.B.M.; ao Maestro Sylvio Salema Garção Ribeiro, Prof.ª Edila Sousa Aguiar Rocha e M.ª Maria Augusta Joppert, meus agradecimentos pela aprovação no programa do Serviço de Educação Musical do Estado da Guanabara, bem assim como todas as professoras da comissão e às alunas do C.B.M. Elizabeth e Célia Cavina Boanada, alunas da Prof.ª Rachel Mendonça Castro, pela gentileza de posarem para a posição das mãos. Ao meu ilustre e velho amigo Paulo Silva, professor de minhas matérias teóricas, meus agradecimentos pela revisão desta obra.*

MÁRIO MASCARENHAS

## AGRADECIMENTO

A TODOS OS PROFESSORES DO BRASIL, PORTUGAL, URUGUAI E VENEZUELA, QUE ADOTAM MINHAS OBRAS, O AGRADECIMENTO MAIS SINCERO POSSÍVEL NO CORAÇÃO DE UM COLEGA.

MÁRIO MASCARENHAS

A presente obra é adotada no programa de piano do «CONSERVATÓRIO NACIONAL DE MÚSICA AMÉRICA», de Montevidéu, cujo diretor é o renomado M°. Baltasar Sierra, assessorado pela ilustre Prof. Haydeé Silveira. Este CONSERVATORIO possui 67 filiais em todo o território da República Oriental do Uruguai.

# PRÉ-FÁCIL

Prefácio são as primeiras palavras de um livro, que o autor escreve para apresentá-lo ao público. No entanto, digo "Pré-Fácil" para, brincando, dar ênfase a este método que é realmente facílimo.

Nas pesquisas que fiz em inúmeras escolas de música que visitei durante minha viagem "Volta ao Mundo", procurei observar os diferentes sistemas do ensino musical para a criança. Sabemos que diversos são os caminhos para atingir um alvo, no caso, a iniciação à Música.

Quis imitar a abelha, que não se cansa de buscar nos mais longínquos lugares o necessário para fabricar o saboroso mel. Assim fiz eu, doce criança, trazendo mais elementos que lhe facilite o estudo, proporcionando-lhe momentos alegres. Começarei dizendo que o Sistema de Ensino Musical por Imitação (Audio-Visual) é o mais usado, principalmente nos Estados Unidos, Inglaterra, França, Itália, Grécia, Índia e Japão.

Na estória que lhe contarei, figuram um mágico, que na vida real faz o papel de mestre e um coelhinho que o imita. Mas, em lugar de varinha e cartola, o professor utiliza a inteligência e a experiência didática; e assim apercebido, realiza o mistério que é transmitir conhecimentos de maneira eficiente e agradável. E, qual o coelhinho que empenha toda a força para aprender as mágicas, você também deve esforçar-se para, num futuro não muito distante, ser o Mágico dos Sons, isto é, um hábil professor de música. O coelhinho é travesso e desatento, por isso suas experiências saem erradas, você, porém, deve ser estudioso, para que jamais lhe falte êxito em suas atividades.

Procure estudar uma só coisa de cada vez, porém, bem. Obedeça rigorosamente a seu Mestre, o Mágico, e se porventura encontrar alguma dificuldade ou um aborrecimento qualquer durante sua aprendizagem, não desanime, faça como o patinho quando sai da lagoa: sacode as penas e vai andando.

MÁRIO MASCARENHAS

# ÍNDICE

| | Pág. |
|---|---|
| APRESENTAÇÃO DO MÁGICO | 5 |
| A CANÇÃO DO FAQUIR — Mário Mascarenhas | 52 |
| A CORRIDA DOS URSOS — Mário Mascarenhas | 23 |
| A DANÇA DOS COELHINHOS — Mário Mascarenhas | 11 |
| A FADA E A BRUXA — Mário Mascarenhas | 36 |
| A LINDA BORBOLETA — Mário Mascarenhas | 31 |
| A MENINA PIANISTA — Mário Mascarenhas | 15 |
| DANCINHA DO FOGO — Mário Mascarenhas | 64 |
| ESCALA EM DÓ MAIOR | 22 |
| ESCALA EM SOL MAIOR | 28 |
| ESCALA EM RÉ MAIOR | 34 |
| ESCALA EM FÁ MAIOR | 38 |
| ESCALA CROMÁTICA | 66 |
| ESCALAS MAIORES E MENORES | 42 |
| ESTUDO N.º 1 | 26 |
| ESTUDO N.º 2 | 29 |
| ESTUDO N.º 3 | 35 |
| ESTUDO N.º 4 | 39 |
| HANON | 56 |
| NOÇÕES ELEMENTARES DE MÚSICA | 6 |
| NUMERAÇÃO DOS DEDOS E TECLADO | 8 |
| O CANHÃO MUSICAL — Mário Mascarenhas | 62 |
| O CLARIM DA MADRUGADA — Mário Mascarenhas | 27 |
| O ESCRAVO NA CORRENTE — Mário Mascarenhas | 40 |
| O LEÃO E O CONTRABAIXO — Mário Mascarenhas | 17 |
| O MENINO PIANISTA — Mário Mascarenhas | 15 |
| O SOLDADO VALENTE — Mário Mascarenhas | 32 |
| O TOCADOR DE GARRAFAS — Mário Mascarenhas | 25 |
| O VENDEDOR DE SONS — Mário Mascarenhas | 19 |
| O VÔO DAS ANDORINHAS — Mário Mascarenhas | 13 |
| O VÔO DOS BESOURINHOS — Mário Mascarenhas | 68 |
| PRELÚDIO DOS ANJOS — Mário Mascarenhas | 54 |
| SARAU NA CASA GRANDE — Mário Mascarenhas | 58 |
| TOURADA EM SEVILHA — Mário Mascarenhas | 60 |

Um dia passou na minha cidade um Mágico. Ele transformava tudo em sons e eu não resisti à curiosidade de vê-lo.

Depois que uma linda moça veio ao palco anunciando que o espetáculo ia começar, a cortina se abriu e eu senti um arrepio em todo o meu corpo. Tive esta reação, por que o Mágico apareceu envolto numa nuvem de sons! O palco iluminado atraiu-me de tal maneira, que eu me senti também um artista, tal como se eu estivesse junto a ele, hipnotizado, como num sonho de belezas sonoras.

De sua cartolinha saíam coelhos, pombos, bandeirinhas coloridas e a música que desprendia de seus dedos, com a claridade multicor do palco, parecia um Arco Íris de Sons!

Fiquei embevecido com este espetáculo, não só pela personalidade marcante e atrativa do Mágico, como pela inquietação do coelhinho travesso que o tentava imitar.

Meu coração vibrou de emoção, até o momento em que os sons foram sumindo e as luzes do Arco Íris pouco a pouco se apagando, deixando-me também envolto nas melodias, ritmos e poesias estonteantes.

Fiquei de tal maneira preso ao Mágico, como um polichinelo ligado por um fio de seda ao seu mestre.

Mas, para mim, o espetáculo permaneceu e permanecerá por muito e muito tempo ainda na minha memória, com esta doce e feliz recordação de arte pura, de arte verdadeira.

Quando o Mágico partiu de minha cidade e levou consigo todas as cores de minha ilusão, deixou comigo também toda a saudade deste espetáculo celestial, de sonho, de ternura e encantamento.

Desde esse dia, confesso, eu nunca mais pude viver sem Música!

## Noções Elementares de Teoria

### PAUTA

É o conjunto de 5 linhas paralelas horizontais, formando entre si 4 espaços onde se escrevem as notas.

```
5ª Linha ————————————————————
4ª   ,,  ————————————————————   4º espaço
3ª   ,,  ————————————————————   3ª   ,,
2ª   ,,  ————————————————————   2ª   ,,
1ª   ,,  ————————————————————   1ª   ,,
```

As notas podem ser escritas nas linhas e nos espaços da pauta.

As linhas e os espaços contam-se de baixo para cima.

### CLAVE

É um sinal que se coloca no princípio da pauta para dar nome às notas.

Nas músicas de piano se usam duas pautas e duas claves.

Na pauta de cima as notas são escritas na Clave de Sol e na pauta de baixo as notas são escritas na Clave de Fá. A Pauta de cima é para a mão direita e a de baixo é para a mão esquerda.

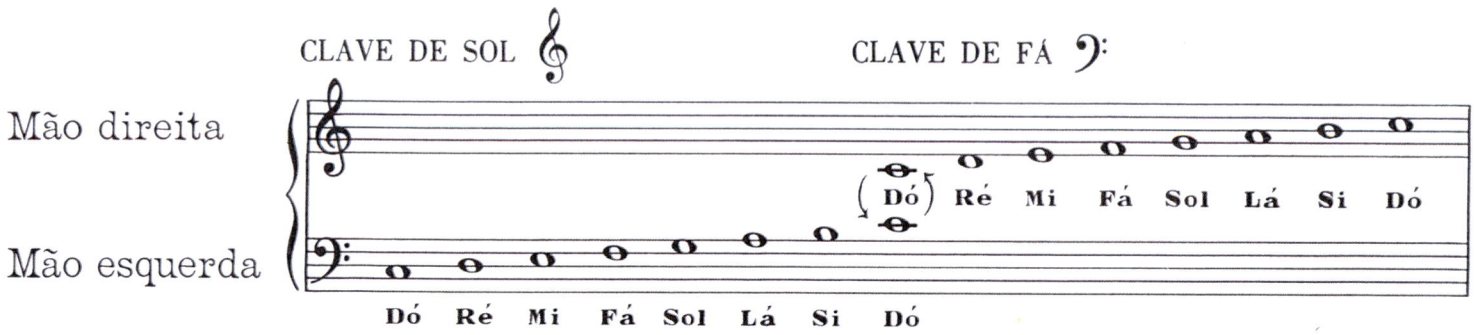

### OS SONS MUSICAIS

Os 7 sons musicais são: DÓ-RÉ-MI-FÁ-SOL-LÁ-SI.

## FIGURAS

São sinais que estabelecem a duração do som e do silêncio. Dizem-se — VALORES POSITIVOS E NEGATIVOS.

VALORES POSITIVOS — São as figuras das notas que representam a duração do som.

VALORES NEGATIVOS — São as figuras de pausas, que representam a duração do silêncio.

| Notas | Semibreve | Mínima | Semínima | Colcheia | Semicolcheia | Fusa | Semifusa |
|---|---|---|---|---|---|---|---|
| Pausas | | | | | | | |

## COMPASSO

Um trecho musical consta de partes iguais chamadas COMPASSOS, que são separados por linhas verticais denominadas BARRAS ou TRAVESSÃO.

No final de um trecho usa-se colocar dois travessões: TRAVESSÃO DUPLO.

TEMPOS — São as acentuações de um trecho musical, dando às figuras (notas ou pausas), um valor determinado de duração.

## SIGNOS DE COMPASSO

Quase sempre os compassos são representados por frações ordinárias, sendo que o numerador indica a quantidade dos valores que entram no compasso e o denominador a qualidade.

Os compassos podem ser BINÁRIO, TERNÁRIO e QUARTENÁRIO e os mais usados são:

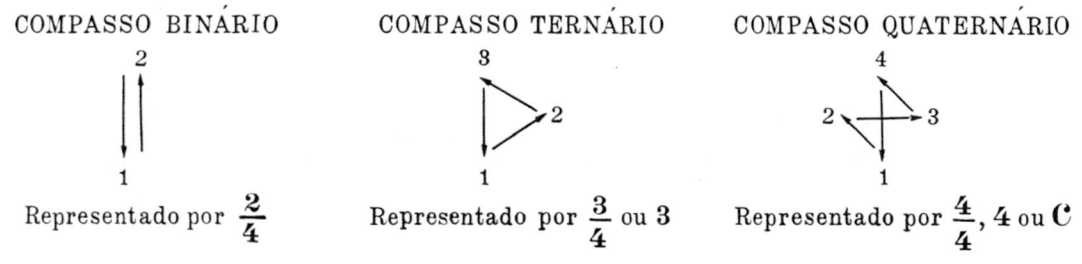

## ATENÇÃO

Sendo este livro um "Método de Iniciação Musical", damos apenas algumas noções elementares de Teoria Musical, visto o autor haver publicado 2 livros para serem trabalhados juntamente com este, que são: "Um Vôo ao País da Música" (Teoria Musical para Crianças) e "Uma Aventura Musical na África" Solfejo, para o Vestibular).

Ambos com belíssimas ilustrações em cores, pelo Processo Áudio Visual.

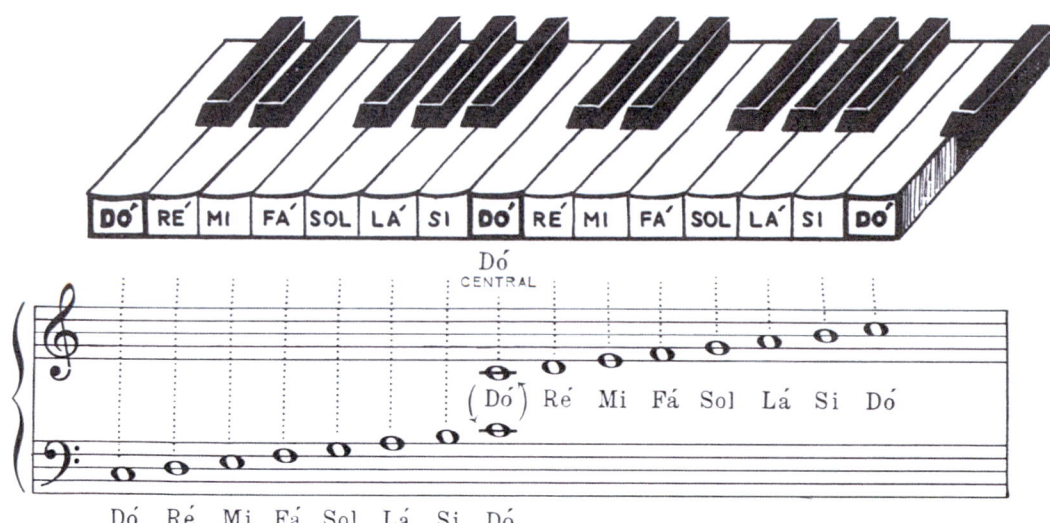

## Numeração dos Dedos

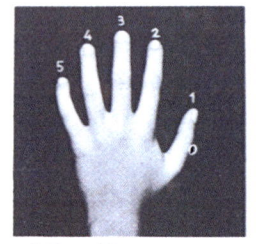
Mão Esquerda

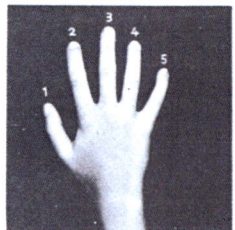
Mão Direita

O Dó central se encontra no centro do teclado, isto é, quase que encima da fechadura do Piano.

## Exercício Nº 1

Contar os tempos em voz alta.

No compasso binário $\frac{2}{4}$, a mínima vale dois tempos e a semínima um.

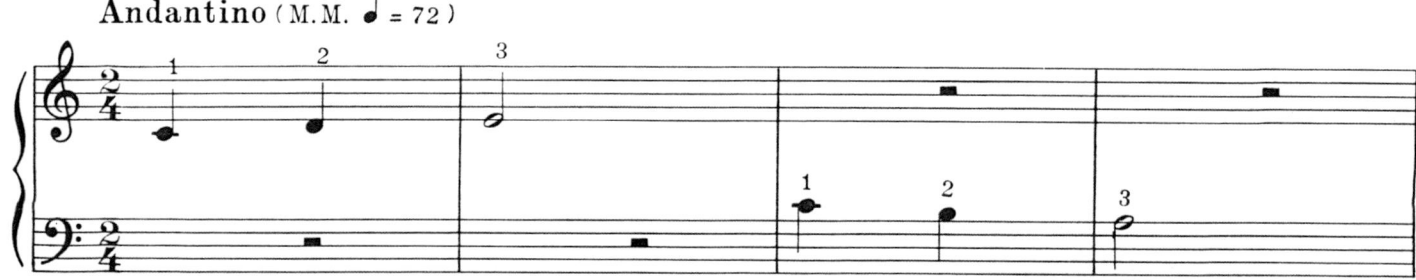

## Exercício Nº 2

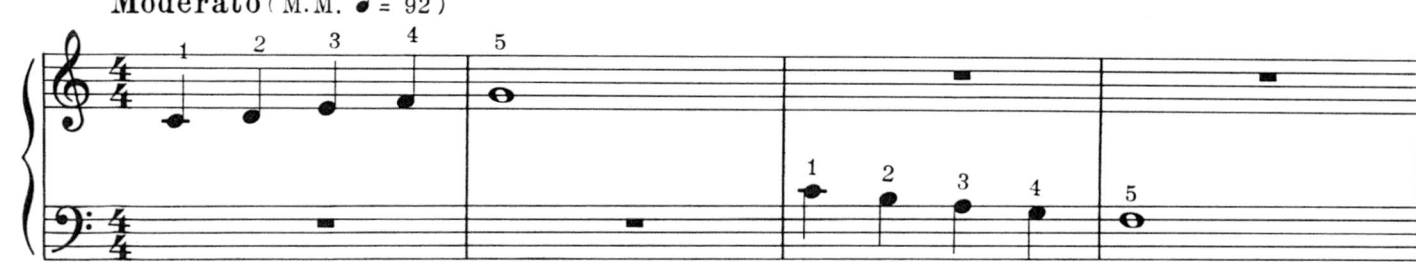

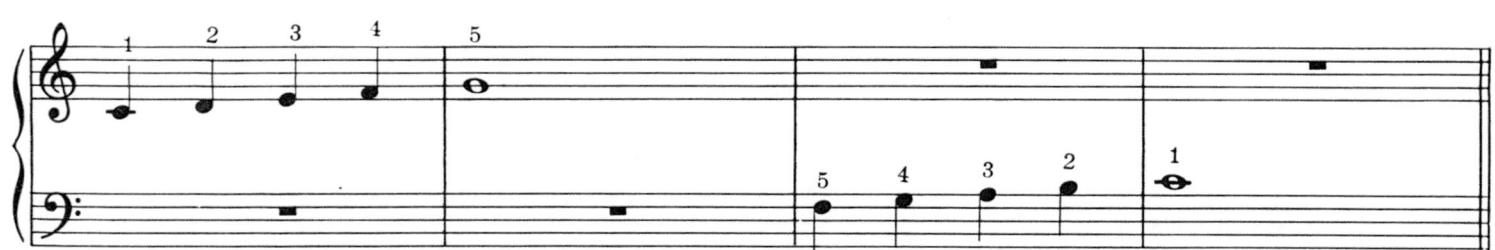

## Exercício Nº 3

*N.B.* As pausas representam o silêncio. Durante uma pausa o dedo nunca deve ficar sobre a tecla, procure sempre levantar um pouco a mão.

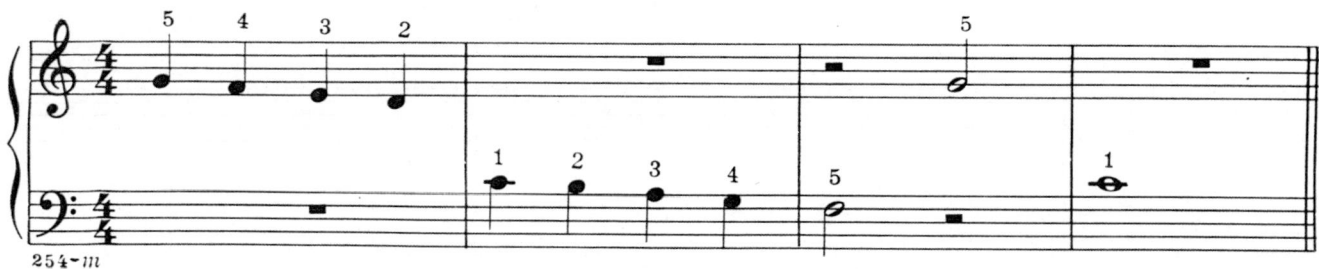

### POSIÇÃO DAS MÃOS

O pulso deve ser flexível, sem rigidez. Os dedos arredondados, como se estivessem segurando uma bola.

## Exercício Nº 4

No compasso $\frac{2}{4}$ a colcheia vale meio tempo.   Neste exercício temos 2 colcheias para cada tempo.

# Exercício N.º 5

(M.M. ♩ = 63 a 138)

# A dança dos coelhinhos

Allegro (M.M. ♩ = 152)

Mário Mascarenhas

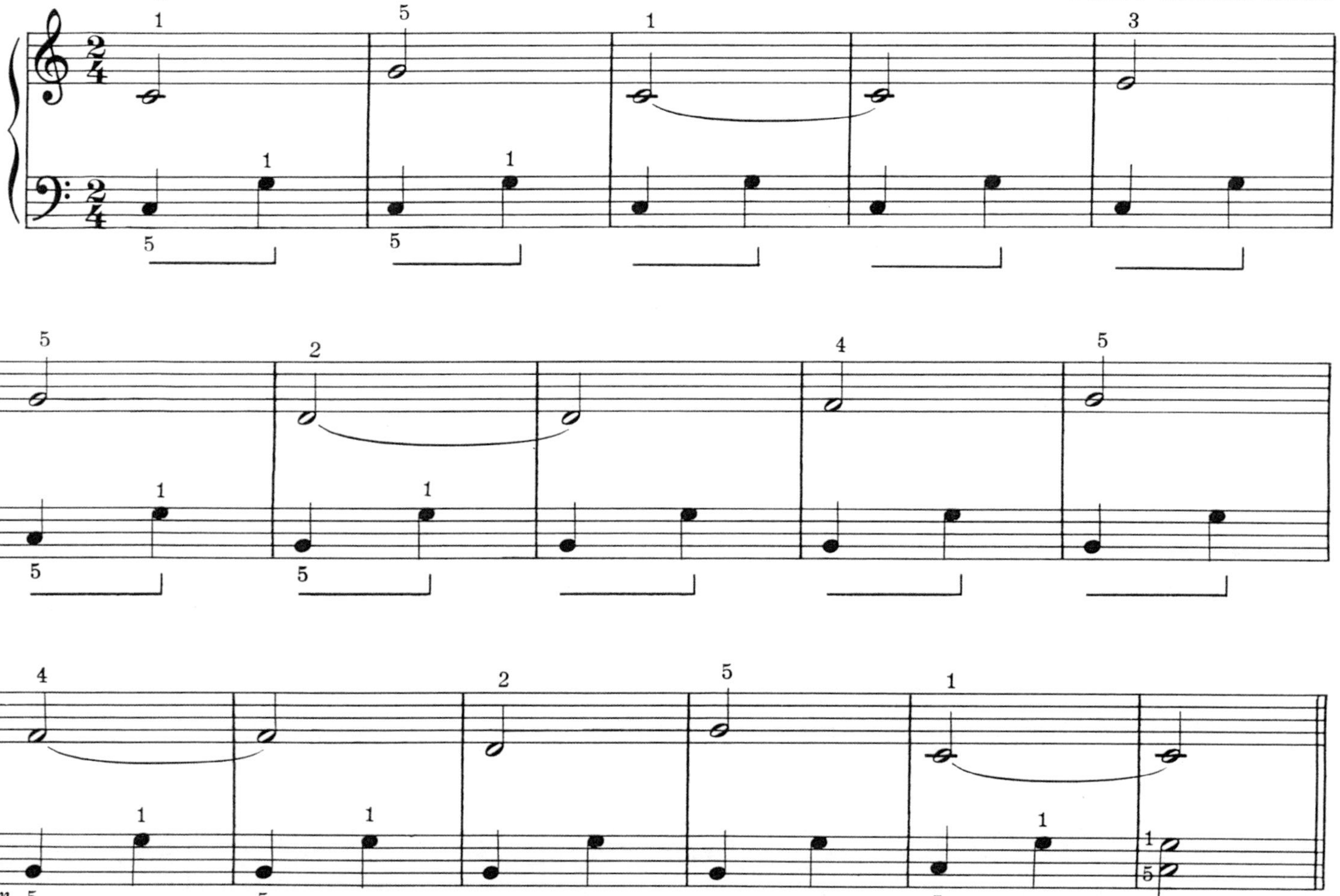

Achamos conveniente colocar o pedal desde o início, para o aluno ir tomando conhecimento desta técnica tão importante.

# O VÔO DAS ANDORINHAS

**UMAS ANDORINHAS POUSAM NAS LINHAS E OUTRAS VÔAM NOS ESPAÇOS DA PAUTA.**

Decore bem a localização das notas nas claves de Sol e Fá, tanto nas linhas como nos espaços.

*Notas nas linhas* — Mi Sol Si Ré Fá / Sol Si Ré Fá Lá

*Notas nos espaços* — Fá Lá Dó Mi / Lá Dó Mi Sol

## Exercício Nº 6

(M.M. ♩ = 63 a 138)

# O vôo das andorinhas

Mário Mascarenhas

**NAS MÚSICAS DE PIANO USAM-SE A CLAVE DE SOL QUE SE ASSINA NA 2ª LINHA E A DE FÁ ASSINADA NA 4ª LINHA DA PAUTA.**

## Exercício Nº 7

No início do estudo de Piano a principal base é a "Técnica dos 5 dedos", que é trabalhada neste livro em vários estudos e exercícios, que devem ser observados com especial atenção.

## Exercício Nº 8

(Preparatório para a próxima música)

# O menino Pianista

# A menina Pianista

## Exercício Nº 9

É de grande importância a "Técnica dos 5 dedos" para se conseguir uma articulação rápida e flexível. O objetivo destes exercícios é trabalhar especialmente os dedos mais fracos: 4º e 5º.

## Exercício Nº 10

# O Leão e o Contrabaixo

Mário Mascarenhas

### Para desenvolver a Técnica

Os exercícios devem ser tocados várias vezes, para que os dedos fiquem fortalecidos. Procure articulá-los bem e com igualdade de som.

Observe no desenho ao lado a posição da mão. Toque com os dedos arredondados, observando bem o ritmo. Procure conseguir tirar os sons com as pontas dos dedos.

### Exercício Nº 11 (Preparatório)

# O vendedor de sons

Mário Mascarenhas

## Escala em Dó Maior

O estudo da escala merece muita atenção, principalmente na passagem do polegar. Deve ser tocada primeiramente com as mãos separadas para depois junta-las.

**Mãos separadas**

**Mãos juntas** (*Movimento direto*)

### Arpejo em Dó Maior

# Estrelinhas de Ouro

Mário Mascarenhas

### Escala em Dó Maior
Movimento contrário

### Arpejo em Dó Maior
Movimento contrário

### Exercício Nº 12

*Especial para o 4º e 5º dedo*

# A corrida dos Ursos

Mário Mascarenhas

### Exercício N.º 13

As duas notas das **3.ªs** dobradas devem ser executadas simultaneamente, isto é, ao mesmo tempo e estudadas muito devagar, para se adquirir uma perfeita técnica.

(M.M. ♪=88)

### Exercício N.º 14

### Exercício N.º 15

# O tocador de garrafas

## Estudo N.º 1 (*Em quiálteras*)

O aluno deve estudar sempre devagar para ter perfeito conhecimento das notas, dedilhado, ritmo, assim como da sonoridade. Depois destas observações, emprega-se o Metrônomo, para dar a marcação exata do andamento e começa-se a empregar o pedal.

Allegro. (M.M. ♩=132)

Mário Mascarenhas

# O clarim da madrugada

Mario Mascarenhas

## CERTIFICADO DE INICIAÇÃO AO PIANO

Nesta pagina (Nº 27) termina a "Iniciação ao Piano". O aluno, tendo estudado esta primeira etapa, está preparado para receber o seu "Certificado de Iniciação ao Piano" colocado no final deste livro, dependendo, entretanto, da opinião do mestre.

| Semitom é a menor distancia entre dois sons. | Tom é o intervalo formado por dois semitons |

## SINAIS DE ALTERAÇÃO OU ACIDENTES

♯ **Sustenido** - eleva a nota um semitom.  
♭ **Bemol** - abaixa a nota um semitom.  

𝄪 **Dobrado Sustenido** - eleva a nota um tom.  
♭♭ **Dobrado Bemol** - abaixa a nota um tom.

♮ **Bequadro** - faz a nota voltar ao seu estado natural.

Estes sinais são colocados antes das notas para modificar-lhes a entoação, elevando ou abaixando um ou dois semitons.

### Escala em Sol Maior
Movimento Diréto

Arpejo

Movimento contrário

Arpejo

# Estudo Nº 2

Mário Mascarenhas

### Exercício Nº 16

### Exercício Nº 17

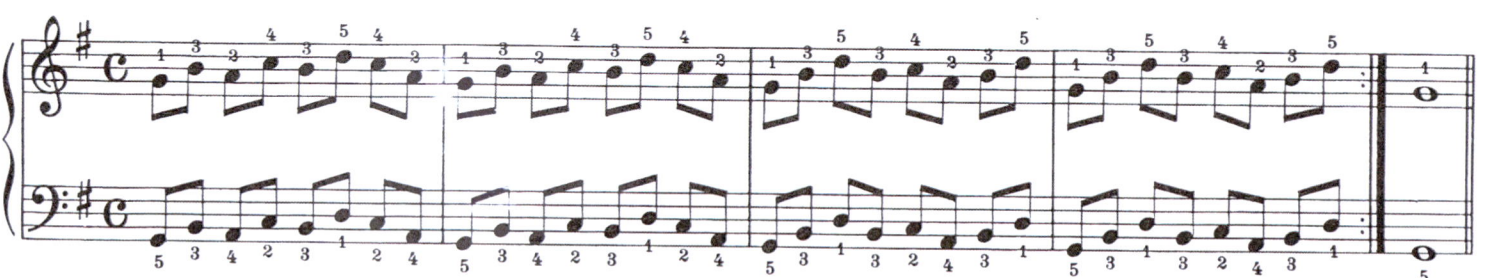

### Exercício Nº 18

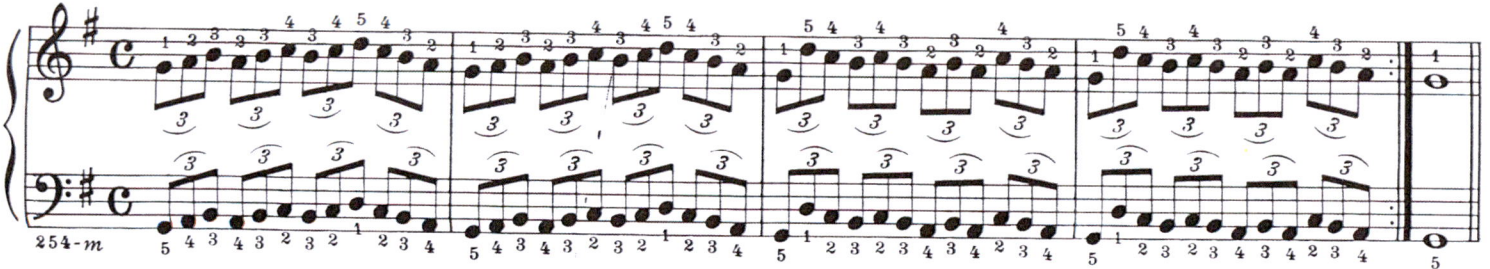

# A linda borboleta

Mário Mascarenhas

## O Soldado Valente

Mário Mascarenhas

## Noções sobre o uso do Pedal

Apenas para que o estudante sinta os primeiros efeitos de sonoridade, segue uma pequena noção do uso do pedal direito. Conforme o seu uso, o pedal direito tem as seguintes denominações: **Pedal sincopado e pedal a tempo.**

**Pedal sincopado**: onde estiver marcado este pedal, deve-se levantá-lo e abaixá-lo rapidamente, após tocar a nota ou acorde. É muito usado no "*legatto*".

**Pedal a tempo**: este pedal é executado ao mesmo tempo em que a nota é pressionada.

## A Fada e a Bruxa

Mário Mascarenhas

37

# GINÁSTICA DIÁRIA
## ·ESCALAS, ACORDES E ARPEJOS·

*EU NÃO SOU BOBO, MINHAS BOLAS SÃO DE BORRACHA!*

**ESCALAS, ARPEJOS E ACORDES, DEVEM SER FEITOS TODOS OS DIAS. SEM PRATICÁ-LOS DIARIAMENTE, NADA SE CONSEGUE.**

### Escala de Fá Maior
*Movimento direto* — Arpejo

### Exercício Nº 20

### Exercício Nº 21

# Estudo N.º 4

MÁRIO MASCARENHAS

## O Escravo na Corrente
BATUQUE

Mário Mascarenhas

*mf dolente*

## METRÔNOMO

As palavras usadas para o andamento, não podem dar o sentido exato, por isso, usa-se o Metrônomo, aparelho que determina o andamento justo. Tem a forma de uma pirâmide, com mecanismo de relojoaria que faz movimentar um pêndulo preso em baixo. Um pequeno peso desliza neste pêndulo que traz uma escala graduada. Conforme a posição do pêndulo, mais alto ou mais baixo acelera ou retarda o movimento. Muitas músicas trazem no princípio a indicação do Metrônomo, assim: M:M. 108, etc.

# Escala em DÓ MAIOR

## Movimento direto—Duas oitavas—

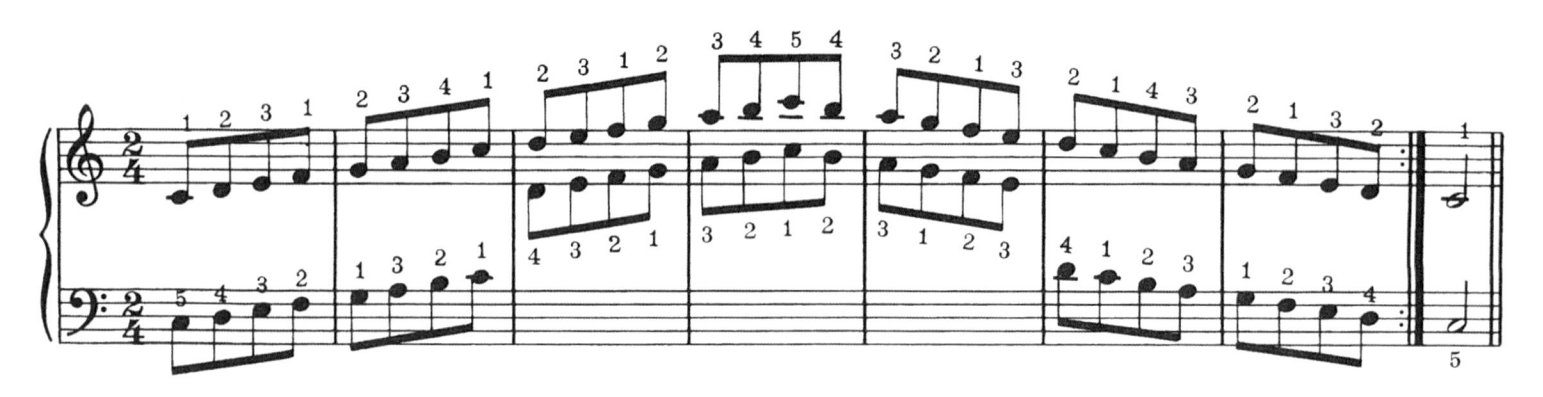

## Movimento contrário

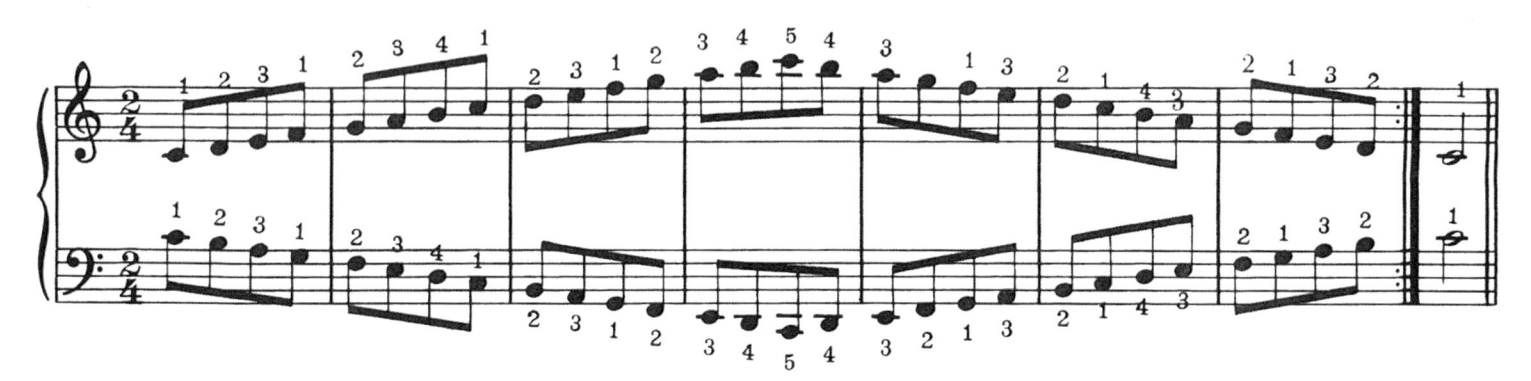

# Arpejos em DÓ MAIOR

## Movimento direto

## Movimento contrário

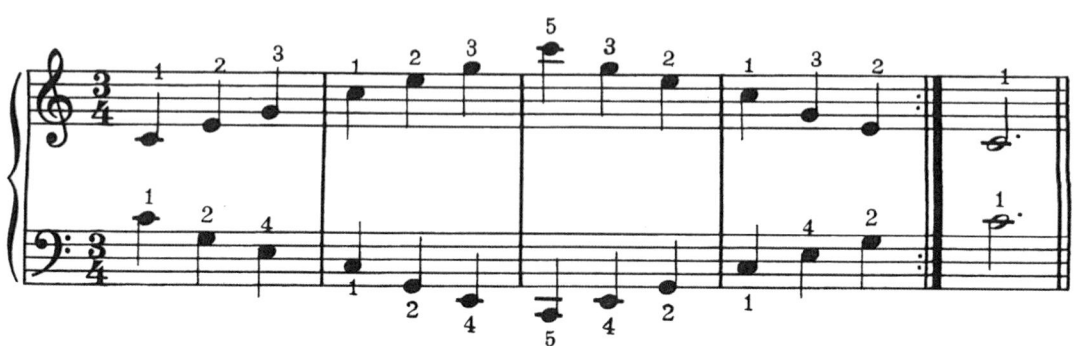

# Escala em LÁ MENOR
(Relativa de DÓ MAIOR)
## Movimento direto — **Duas oitavas** —

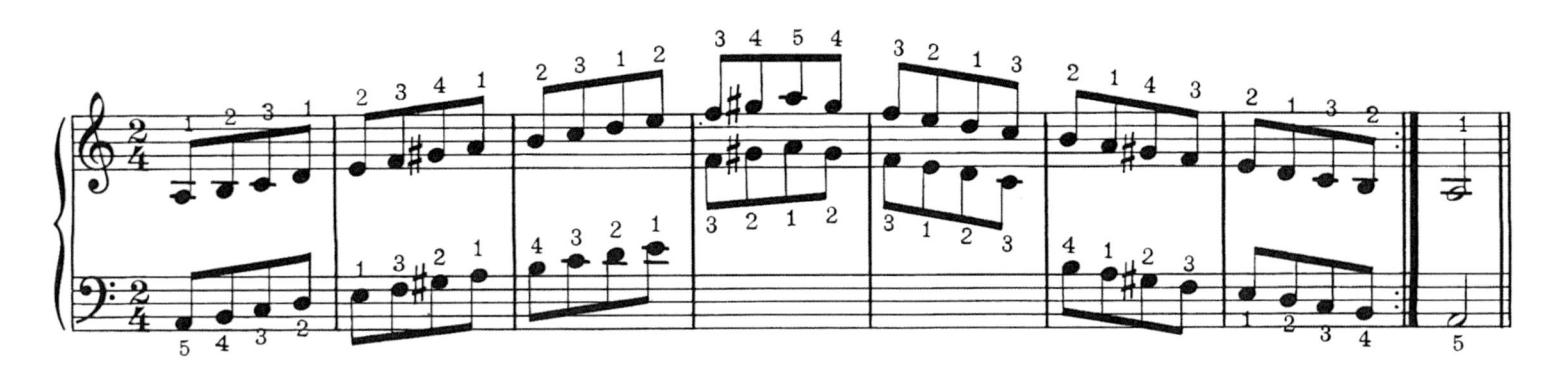

## Movimento contrário

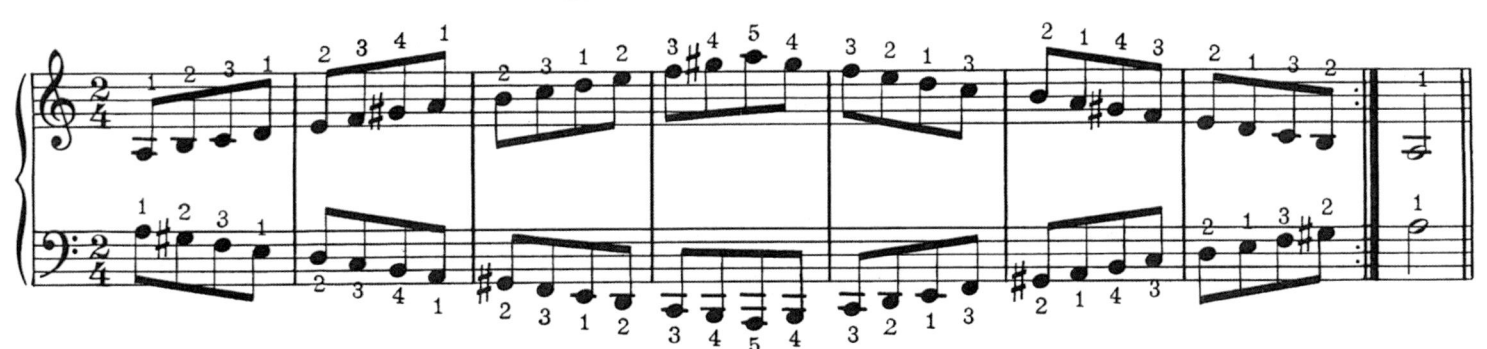

# Arpejos em LÁ MENOR
## Movimento direto

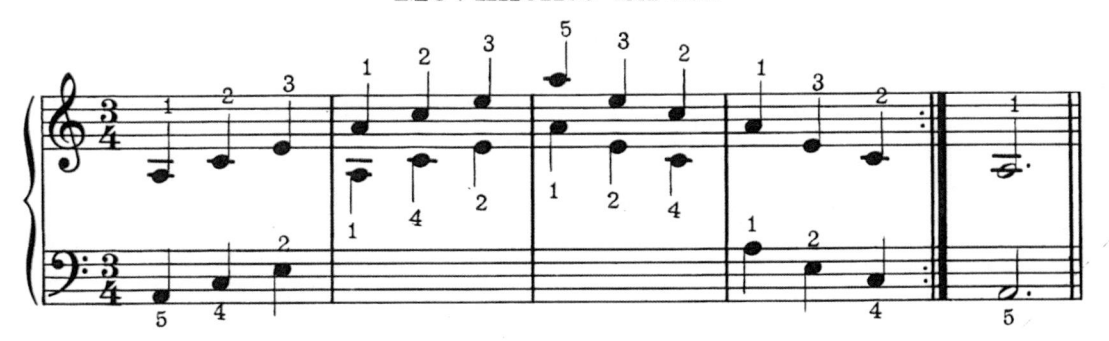

## Movimento contrário

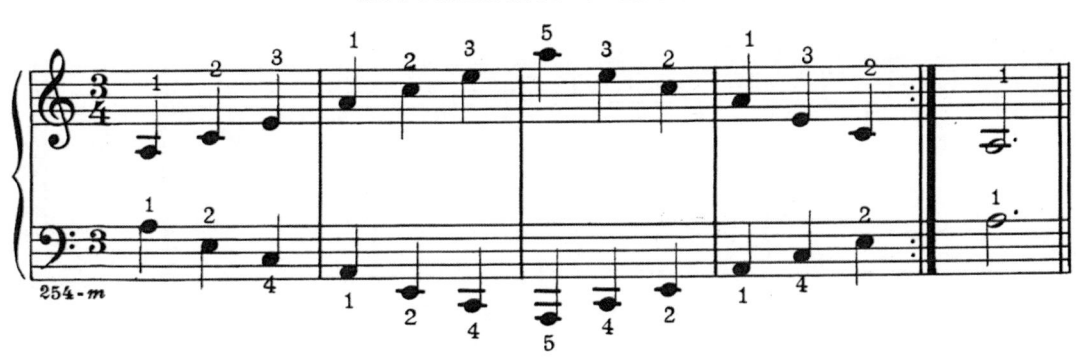

## Escala em SOL MAIOR

### Movimento direto

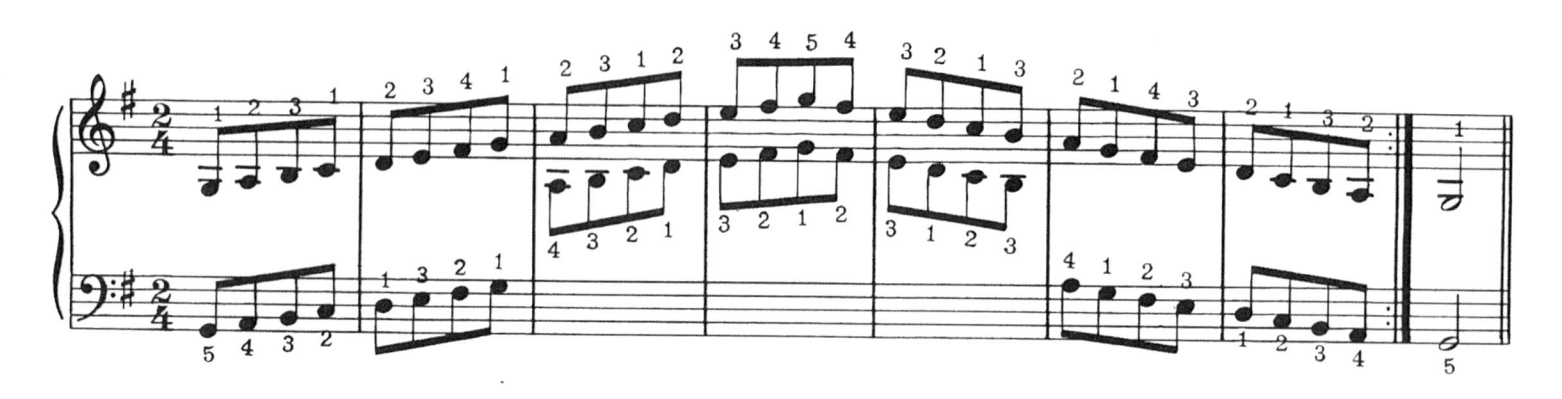

### Movimento contrário

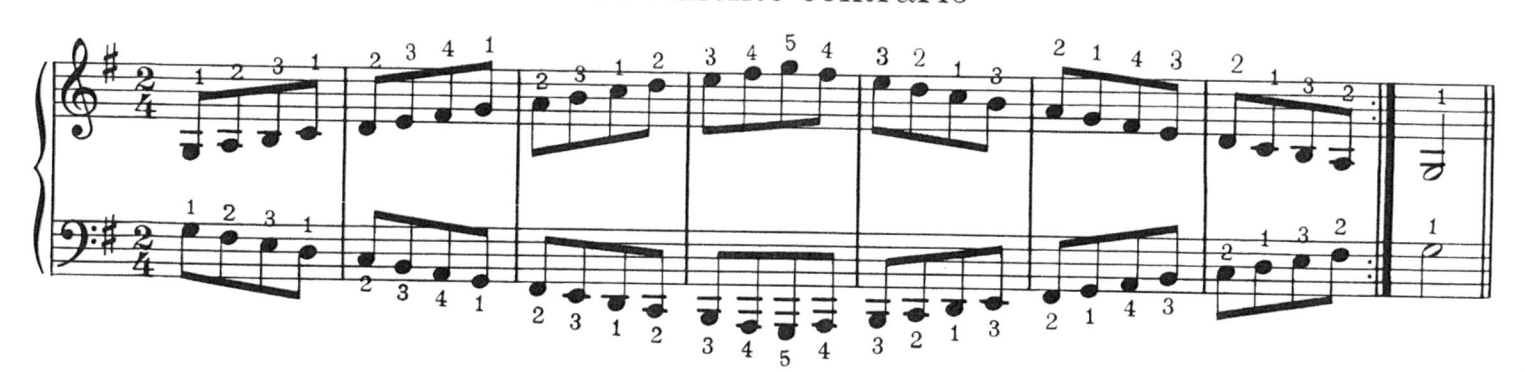

## Arpejos em SOL MAIOR

### Movimento direto

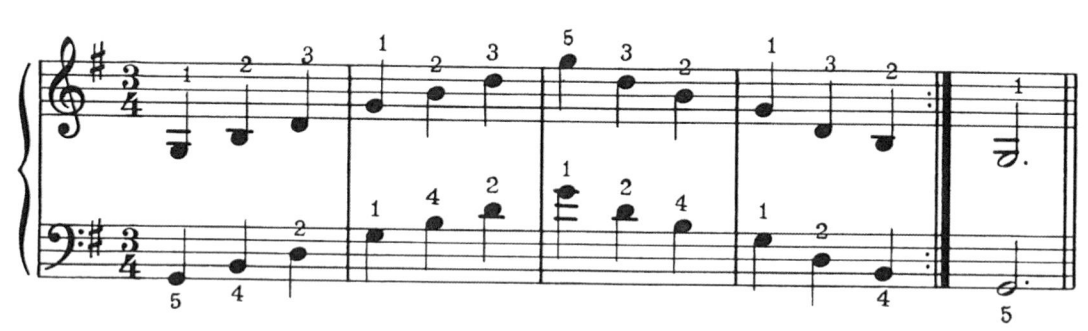

### Movimento contrário

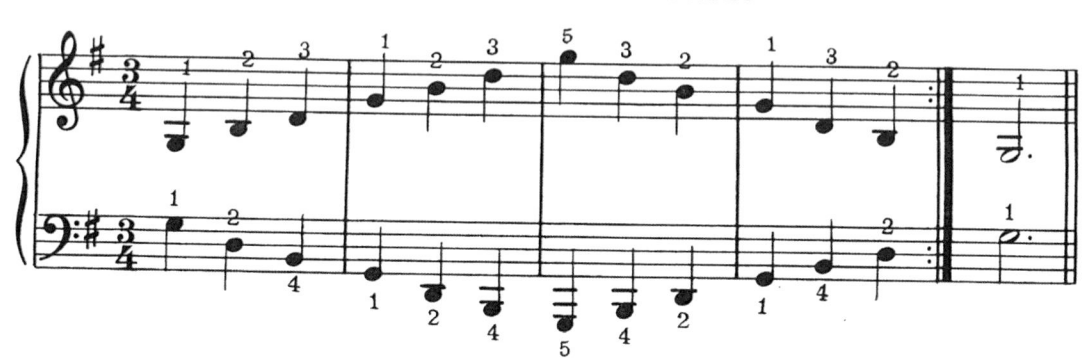

# Escala em MI MENOR

(Relativa de SOL MAIOR)

## Movimento direto

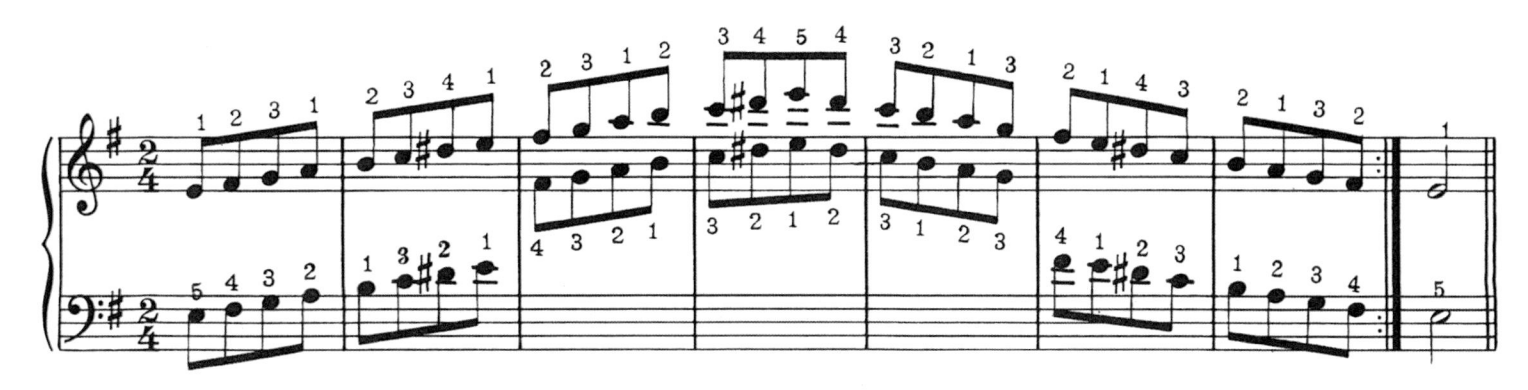

## Movimento contrário

# Arpejos em MI MENOR

## Movimento direto

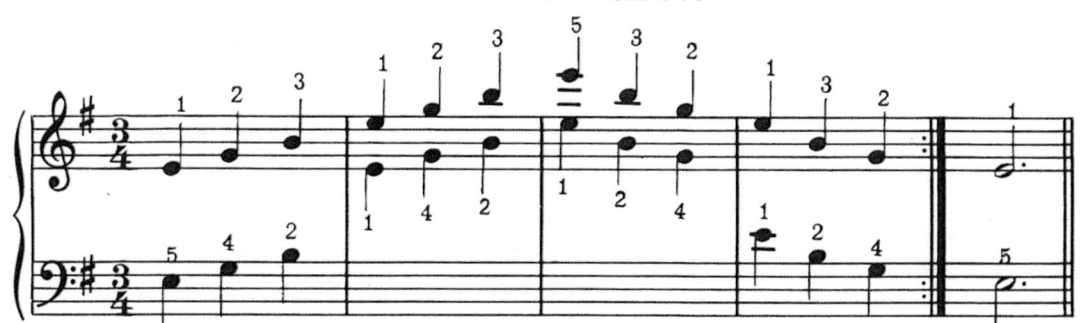

## Movimento contrário

# Escala em RÉ MAIOR

## Movimento direto

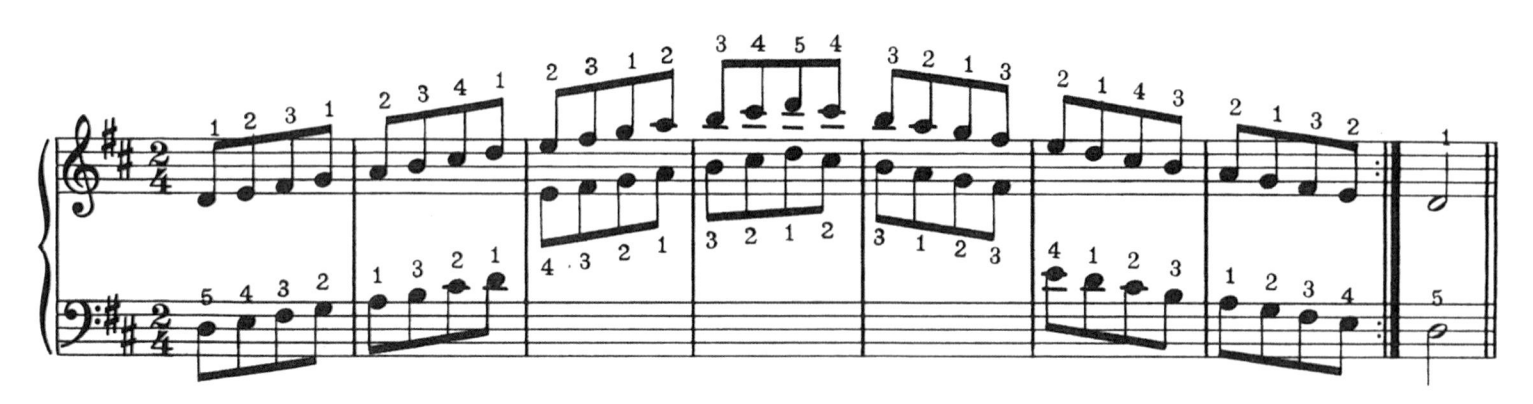

## Movimento contrário

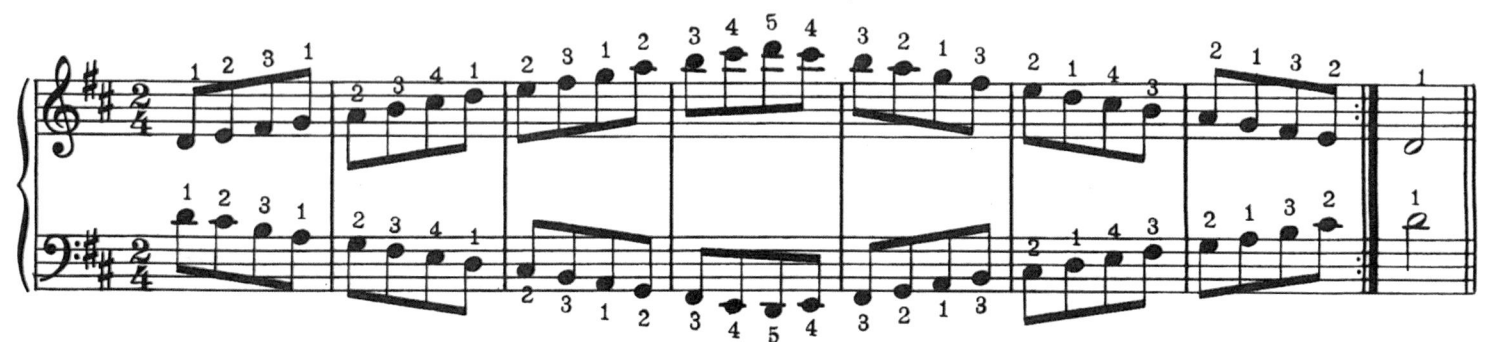

# Arpejos em RÉ MAIOR

## Movimento direto

## Movimento contrário

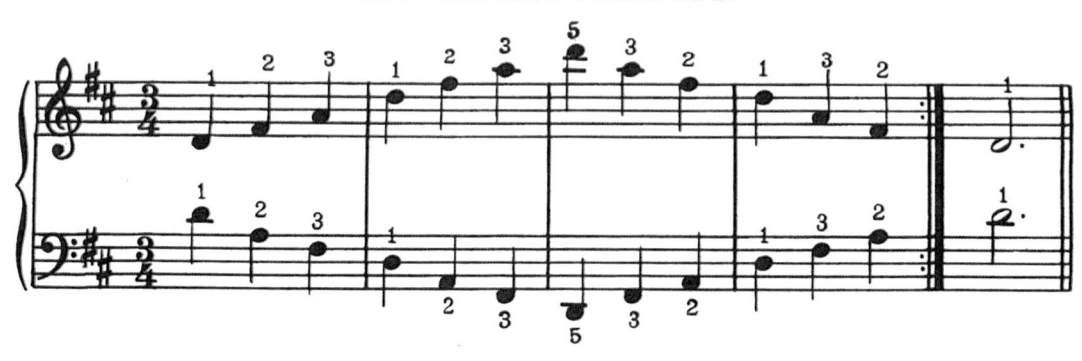

# Escala em SI MENOR
(Relativa de RÉ MAIOR)

## Movimento direto

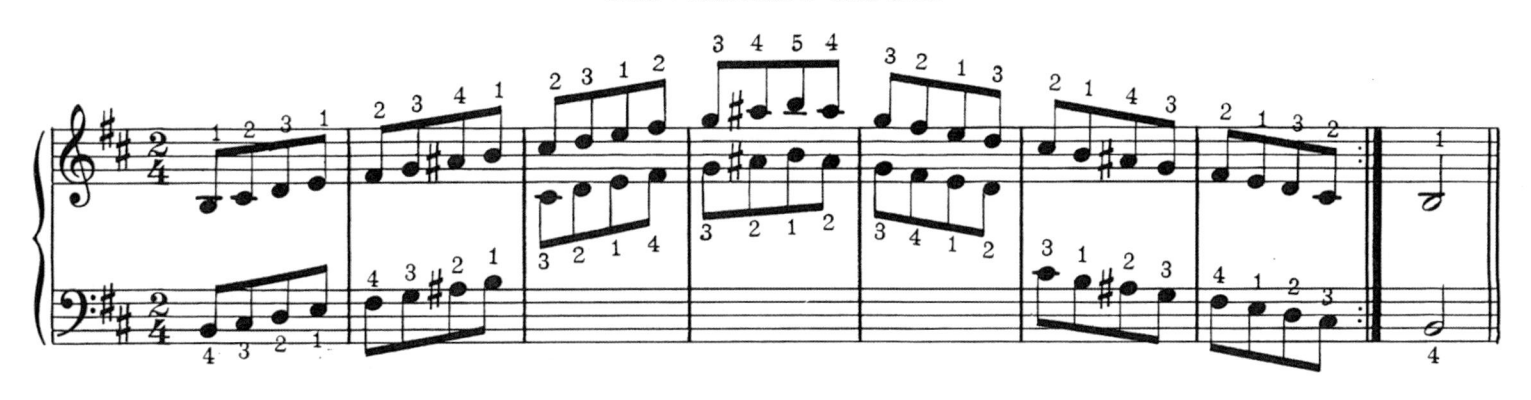

## Movimento contrário

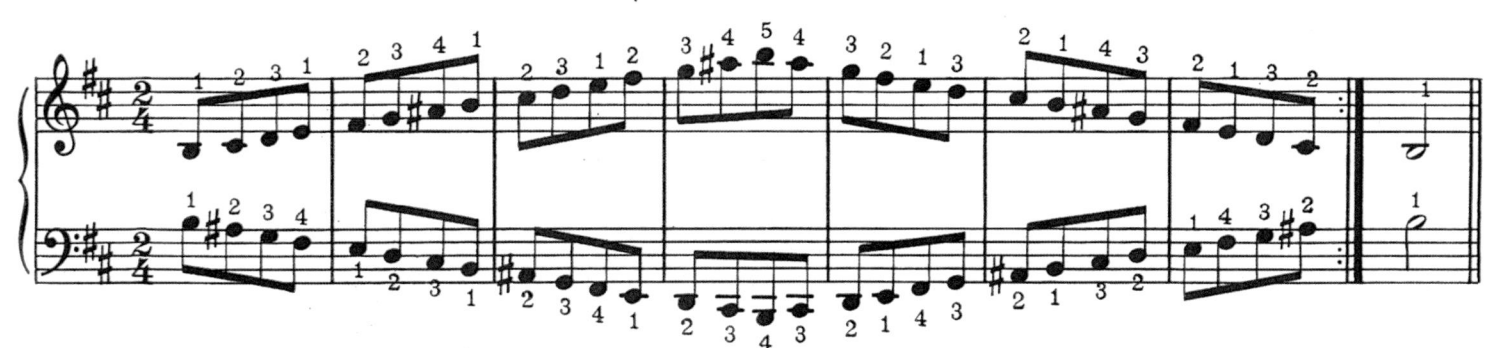

# Arpejos em SI MENOR

## Movimento direto

## Movimento contrário

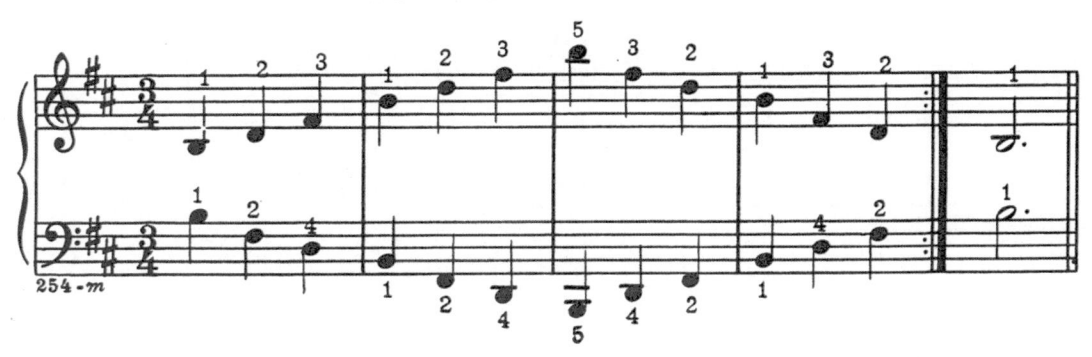

# Escala em LÁ MAIOR

## Movimento direto

## Movimento contrário

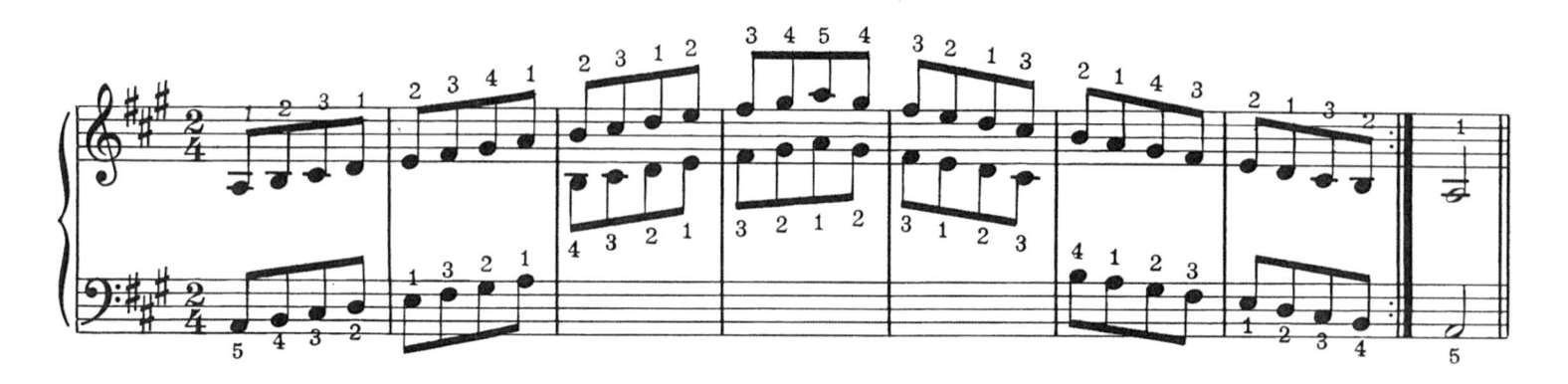

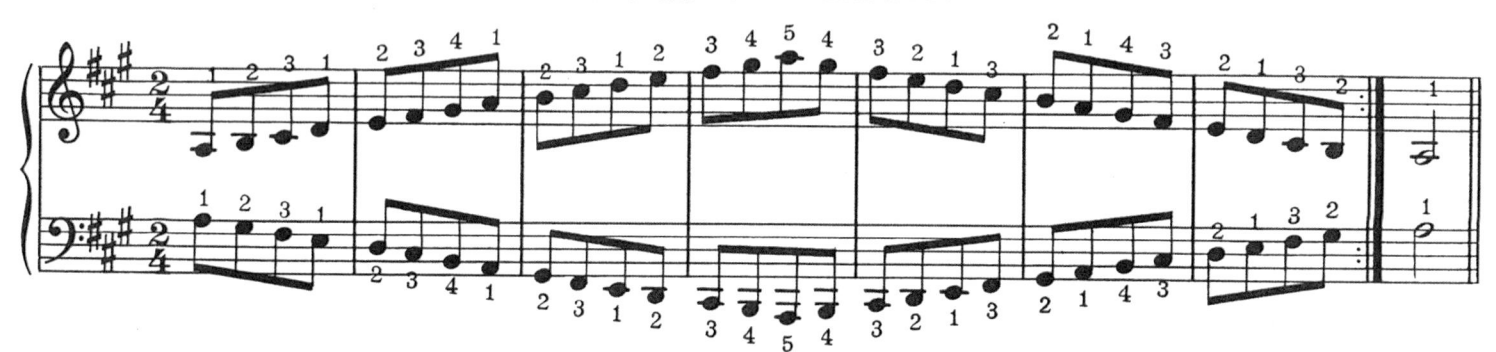

# Arpejos em LÁ MAIOR

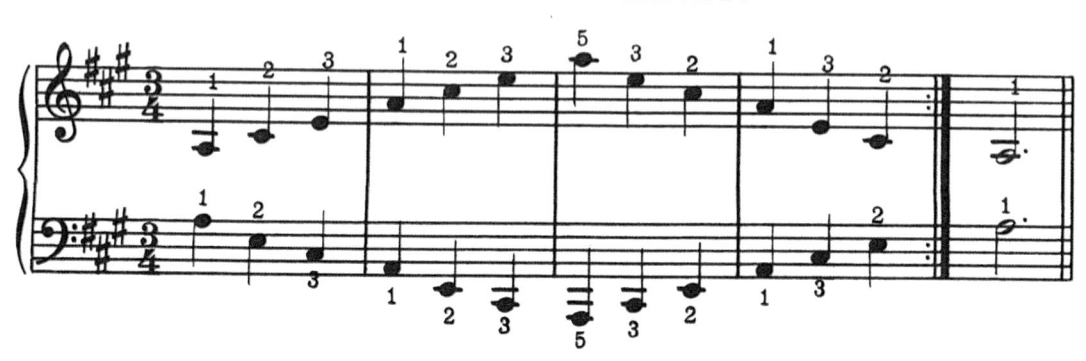

## Movimento direto

## Movimento contrário

# Escala em FÁ# MENOR
(Relativa de LÁ MAIOR)

## Movimento direto

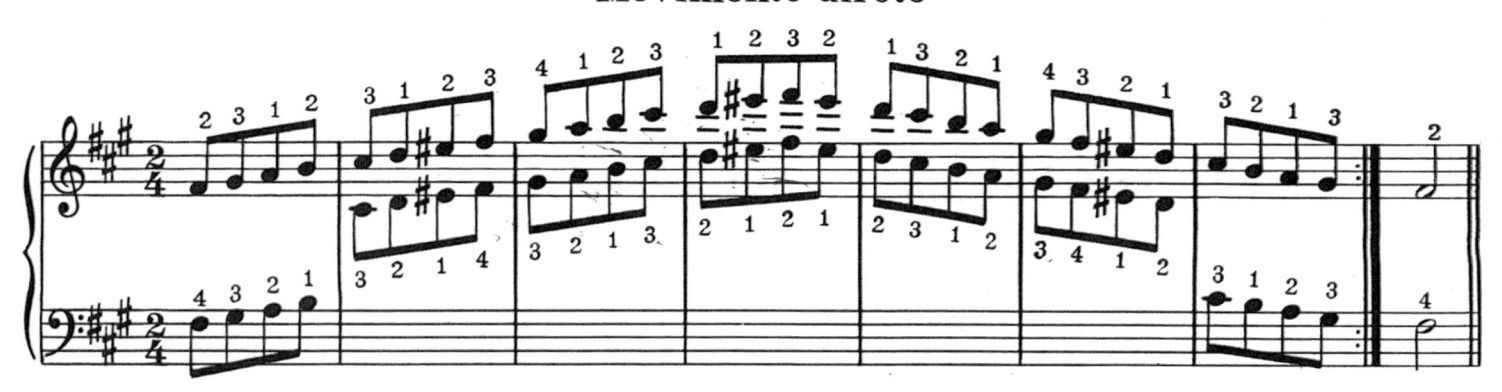

## Movimento contrário

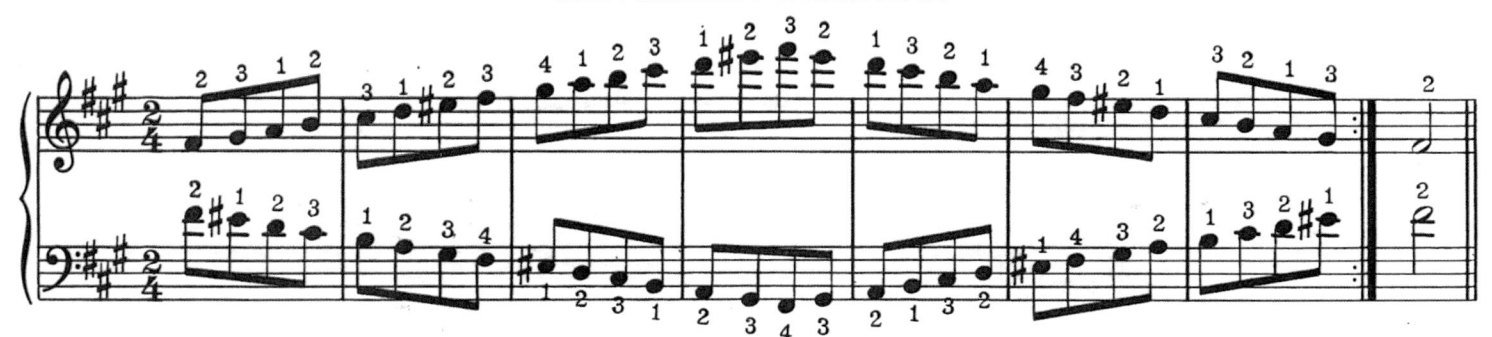

# Arpejos em FÁ# MENOR

## Movimento direto

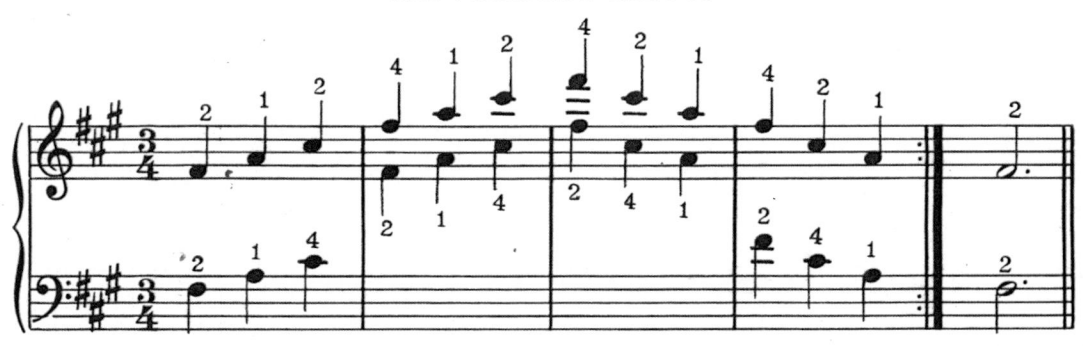

## Movimento contrário

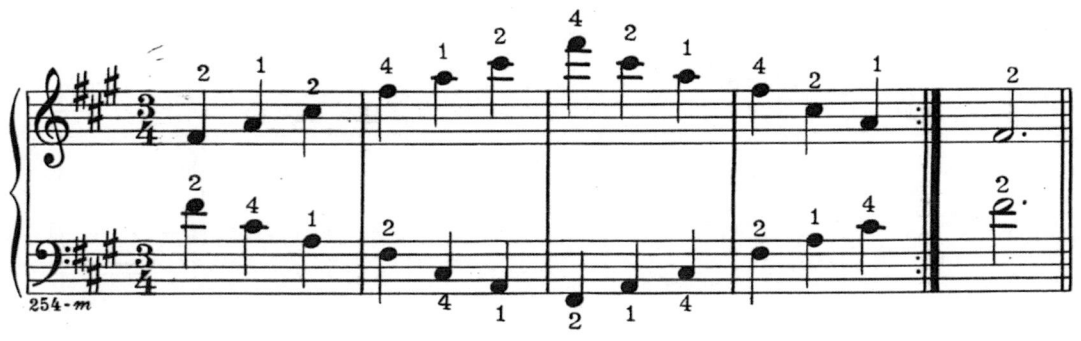

# Escala em FÁ MAIOR

## Movimento direto

## Movimento contrário

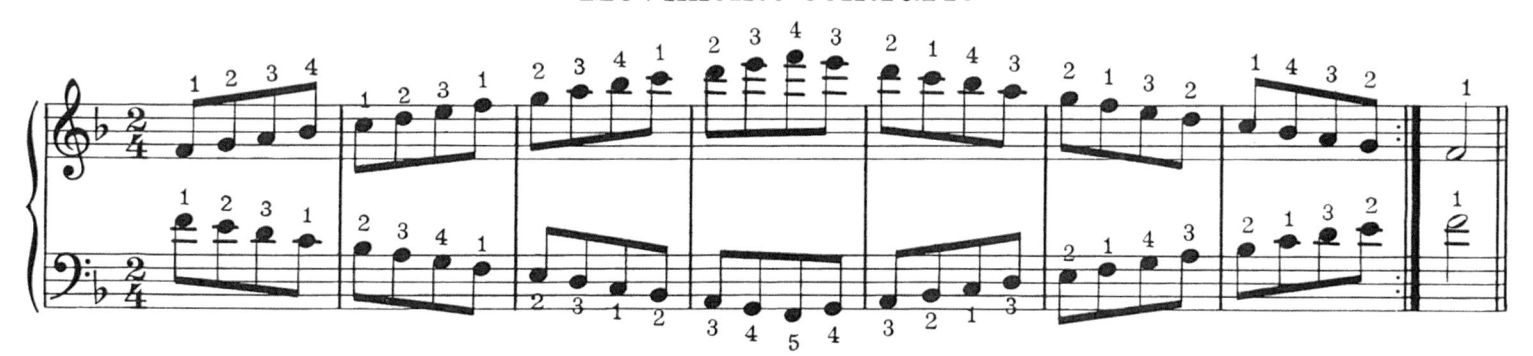

# Arpejos em FÁ MAIOR

## Movimento direto

## Movimento contrário

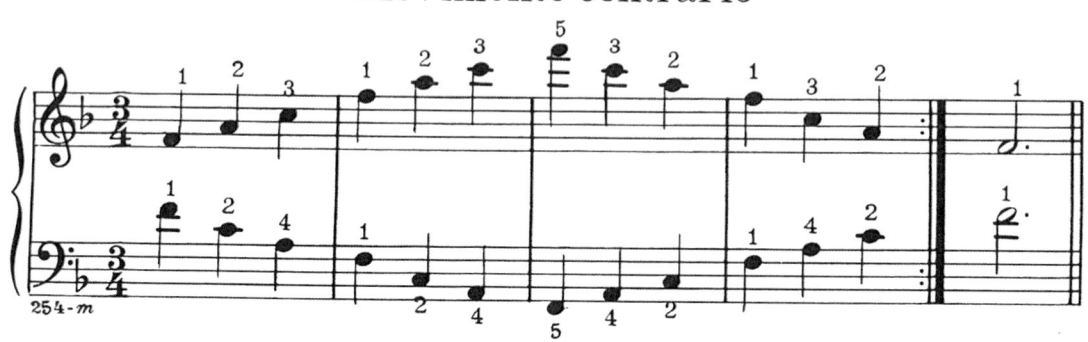

# Escala em RÉ MENOR

(Relativo de FÁ MAIOR)

## Movimento direto

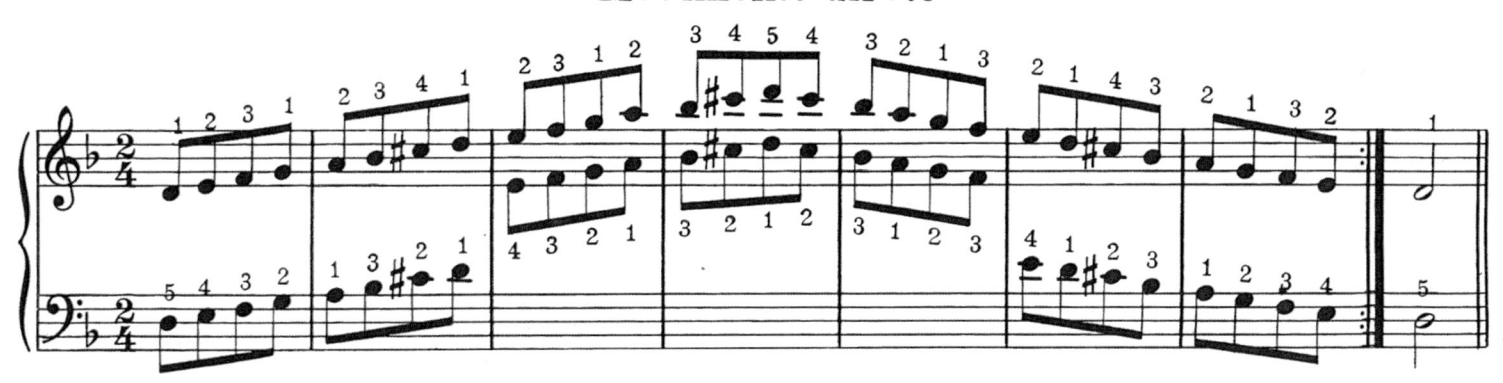

## Movimento contrário

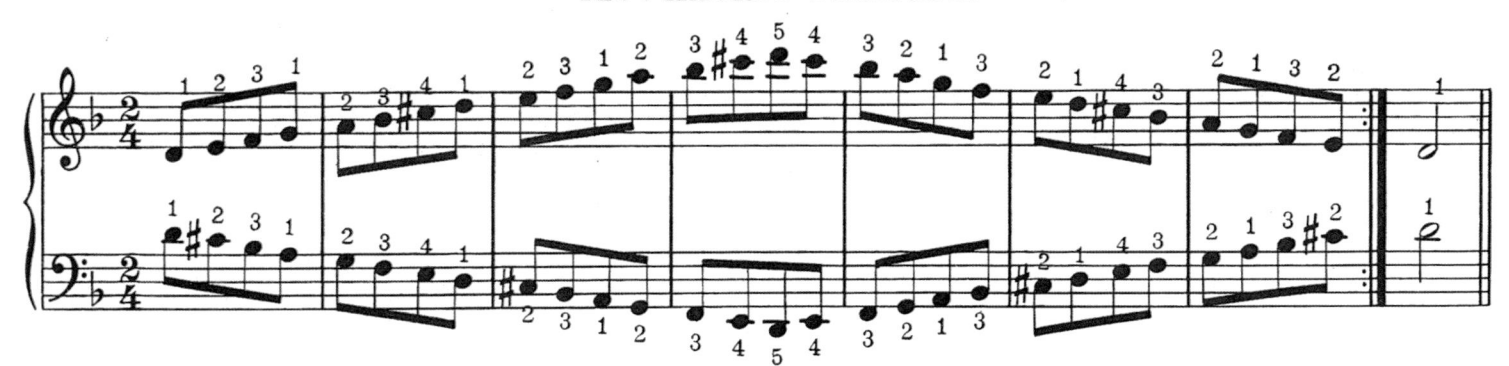

# Arpejos em RÉ MENOR

## Movimento direto

## Movimento contrário

## A Canção do Faquir

Mário Mascarenhas

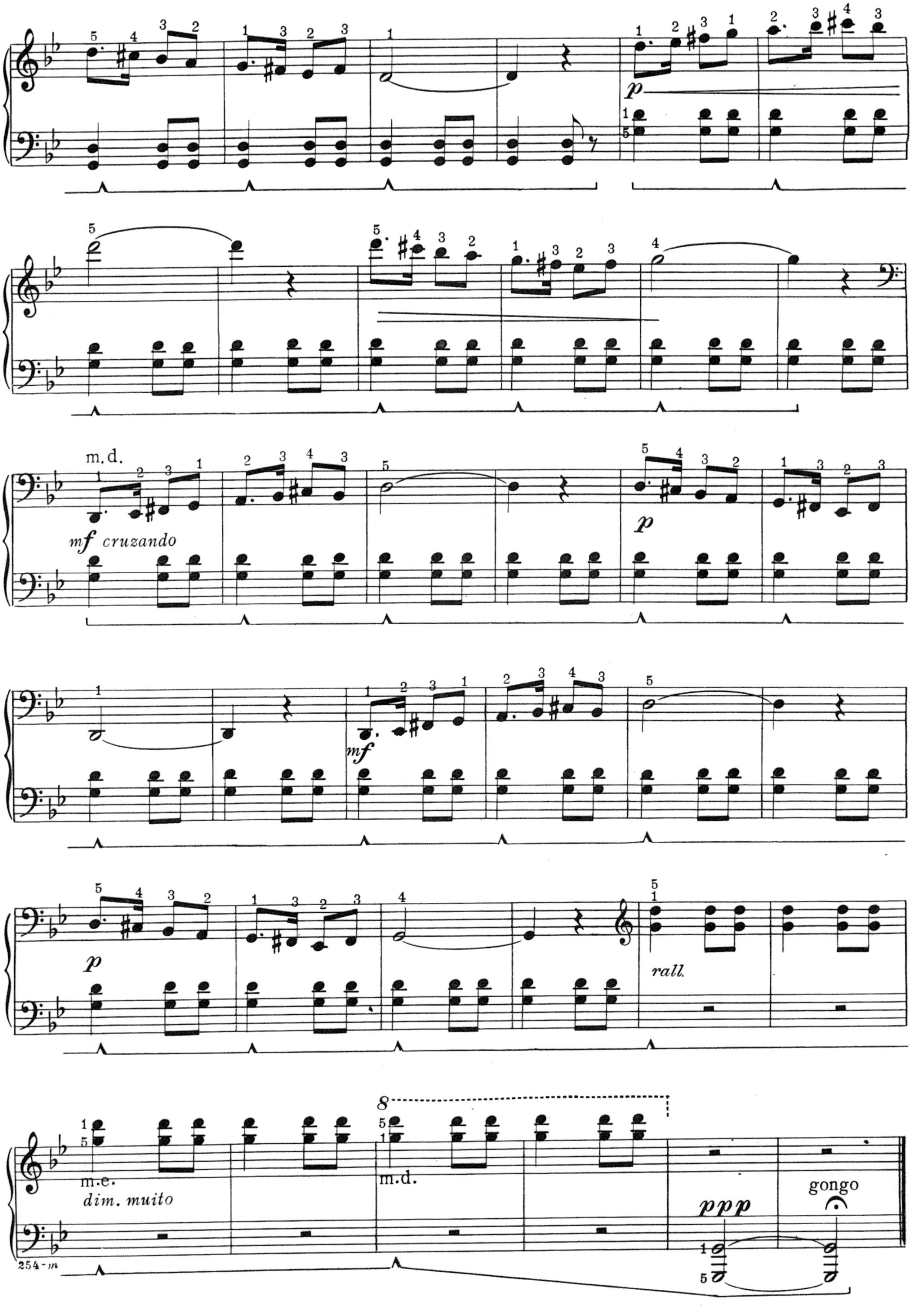
m.d.
mf cruzando
p
mf
p
rall.
m.e.
dim. muito
m.d.
8
ppp
gongo
254-m

# ORQUESTRA DE ANJINHOS

**PRELÚDIO**

*ESPEREM! EU TAMBÉM SOU ANJO, QUERO TOCAR NESTA ORQUESTRA.*

DÊ UMA INTERPRETAÇÃO SUAVE E TRISTE, PARECENDO QUE OS SONS VÊM LÁ DO CÉU! TOQUE COM SENTIMENTO.

## Prelúdio dos Anjos

Adágio (M.M. ♩=56)

MÁRIO MASCARENHAS

## EXPRESSÃO

O caráter de expressão é indicado pelas seguintes palavras:

| | | | |
|---|---|---|---|
| *Affettuoso* | — afetuoso | *Con grazia, grazioso* | — com graça |
| *Agitato* | — agitado | *Maestoso* | — majestoso |
| *Animato* | — animado | *Marcato* | — marcado |
| *Appassionato* | — apaixonado | *Risoluto* | — resoluto |
| *Con fuoco* | — com animação | *Scherzando* | — brincando |
| *Con brio* | — brilhante | *Sostenuto* | — sustentando |
| *Cantabile* | — cantável | *Tranquilo* | — tranquilo |

O *crescendo* também é indicado pelo sinal ⟨——— e o *diminuindo* pelo sinal ———⟩

Para acentuar uma nota, fazendo-a sobressair, coloca-se sobre a mesma os sinais ♪̂, ou ♪̇ ou ♪̄ ou ♪̄̇

## SINAIS DE INTENSIDADE

A intensidade dos sons, é indicada por palavras italianas ou por sinais:

| | | | | | | | |
|---|---|---|---|---|---|---|---|
| *Piano* | - **p** | - fraco | | *Diminuindo* | - *dim.* | - diminuindo o som |
| *Mezzo Piano* | - **mp** | - meio fraco | | *Decrescendo* | - *decresc.* | - decrescendo o som |
| *Pianissimo* | - **pp** | - fraquíssimo | | *Smorzando* | - *smorz.* | - decrescendo o som |
| *Forte* | - **f** | - forte | | *Calando* | - *cal.* | - decrescendo o som |
| *Mezzo Forte* | - **mf** | - meio forte | | *Crescendo* | - *cresc.* | - aumentando o som |
| *Fortissimo* | - **ff** | - fortissimo | | *Sforzando* | - *sfz* | - aumentando o som |
| *Morendo* | - *mor.* | - desaparecendo o som | | *Rinforzando* | - *rinf.* | - aumentando o som |

*Os exercícios de Hanon devem ser tocados primeiramente legato e depois staccato.*

## Estudo Nº 3
*Hanon*

## Estudo Nº 4
*Hanon*

*O aluno, depois de perfeita igualdade de execução, poderá começar estes exercícios uma 8ª abaixo, ficando assim em 3 oitavas*

## Saráu na Casa Grande

MAXIXE

Moderato (M.M. ♩=88)

MÁRIO MASCARENHAS

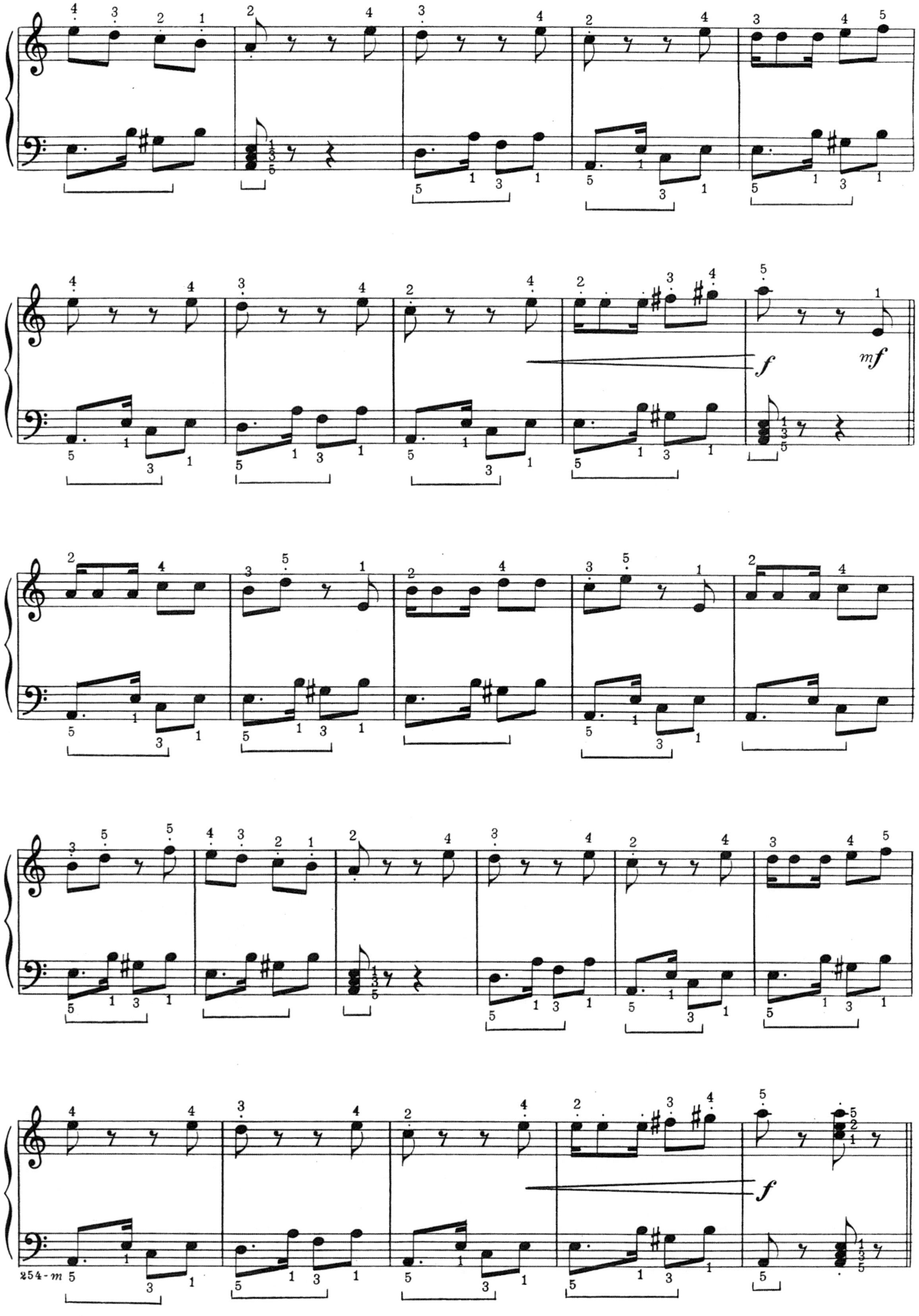
f
mf
f

## Tourada em Sevilha
PASO-DOBLE

Mário Mascarenhas

Allegretto (M.M. ♩=116)

*f maestoso con brio*

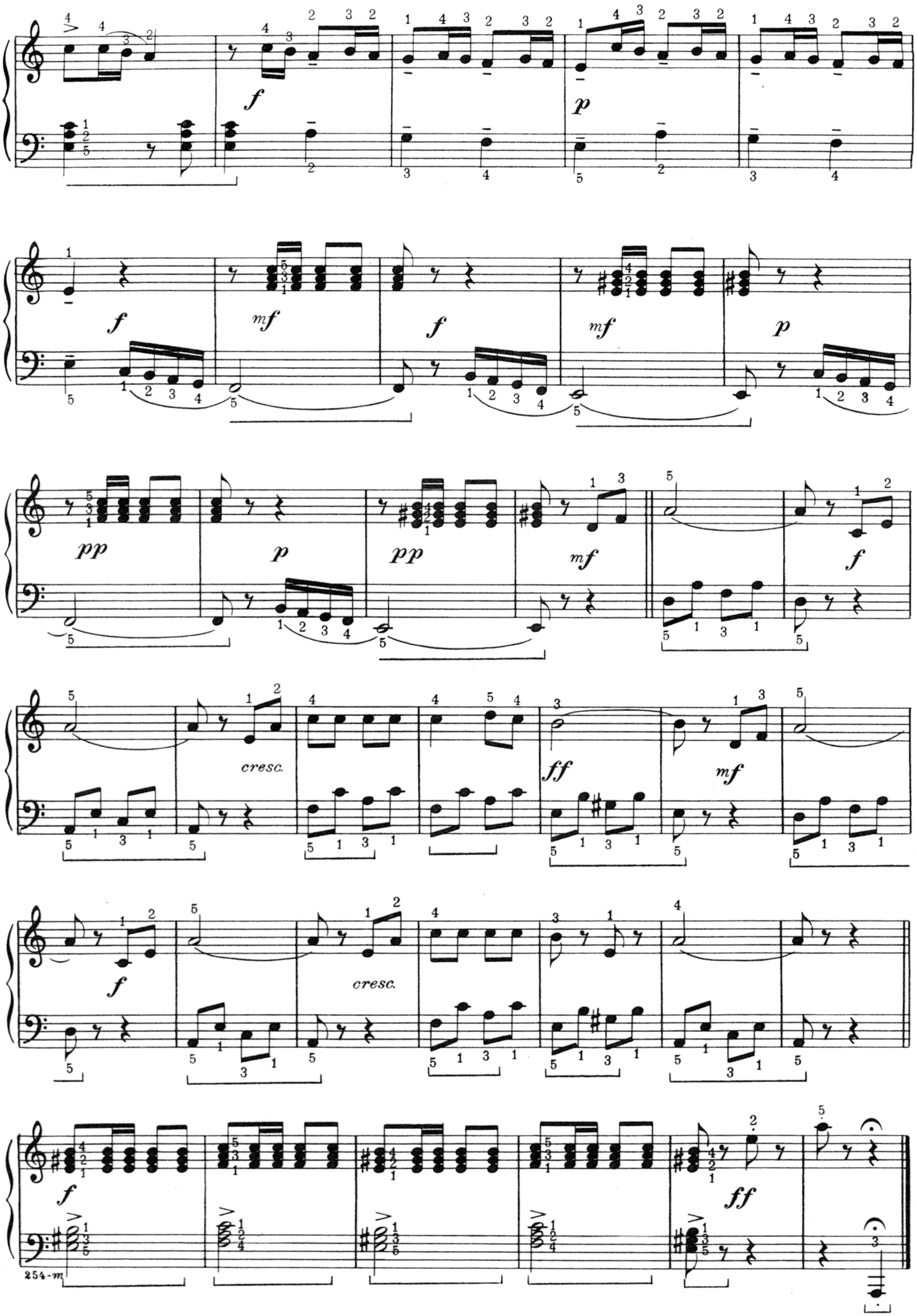
cresc.
cresc.

# O Canhão Musical

**MARCHA MILITAR**

O ALUNO DEVE PROCURAR IMITAR BEM O TIRO DO CANHÃO, O SOM DOS TAMBORES E DOS CLARINS.

## O Canhão Musical

MARIO MASCARENHAS

Allegretto (M.M. ♩=120)

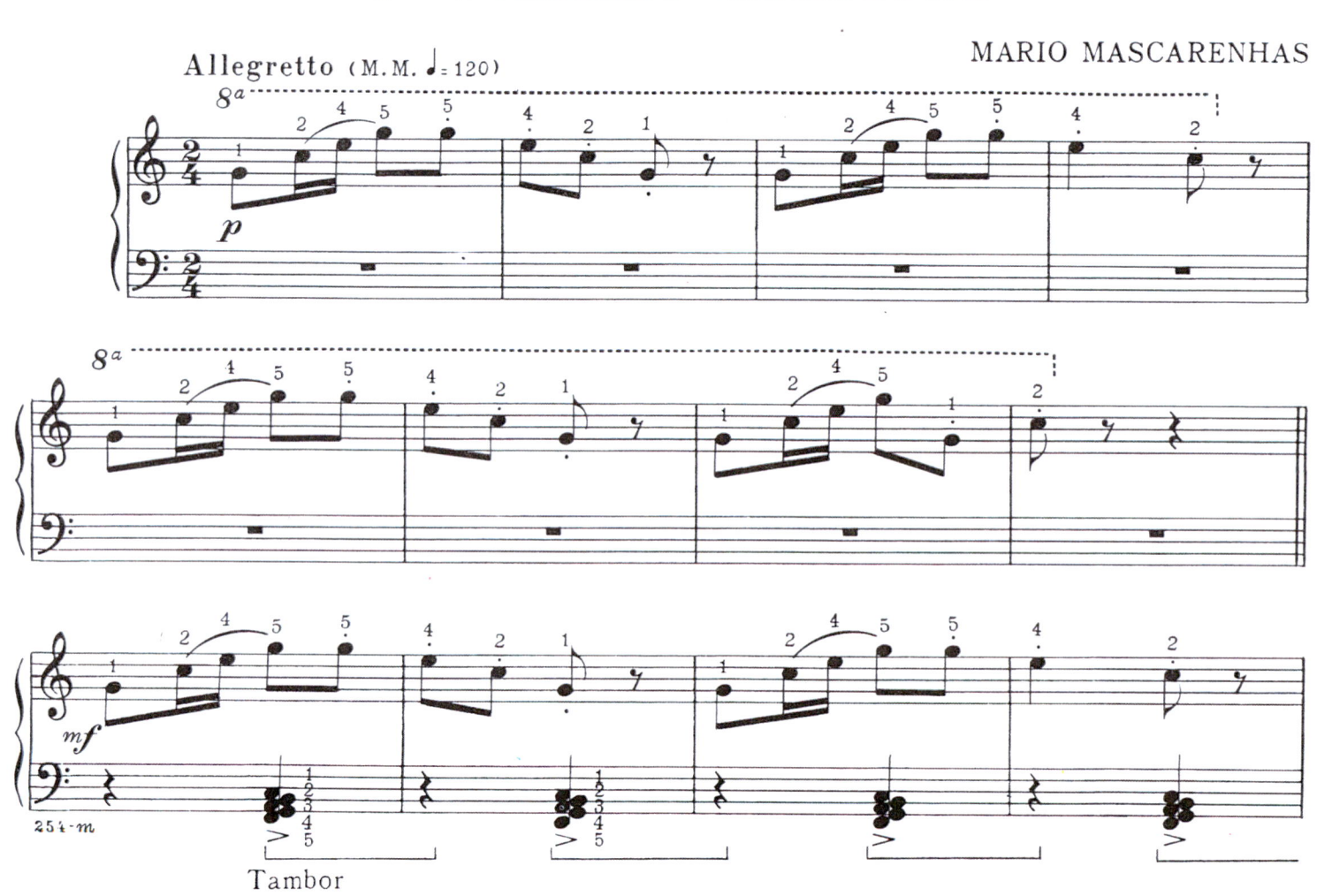

A acentuação forte do Tambor nesta marcha é no segundo tempo de cada compasso, porque quando o soldado marcha, ele marca o segundo tempo.

## Dancinha do Fogo

MÁRIO MASCARENHAS

Allegro (M.M. ♩=112)

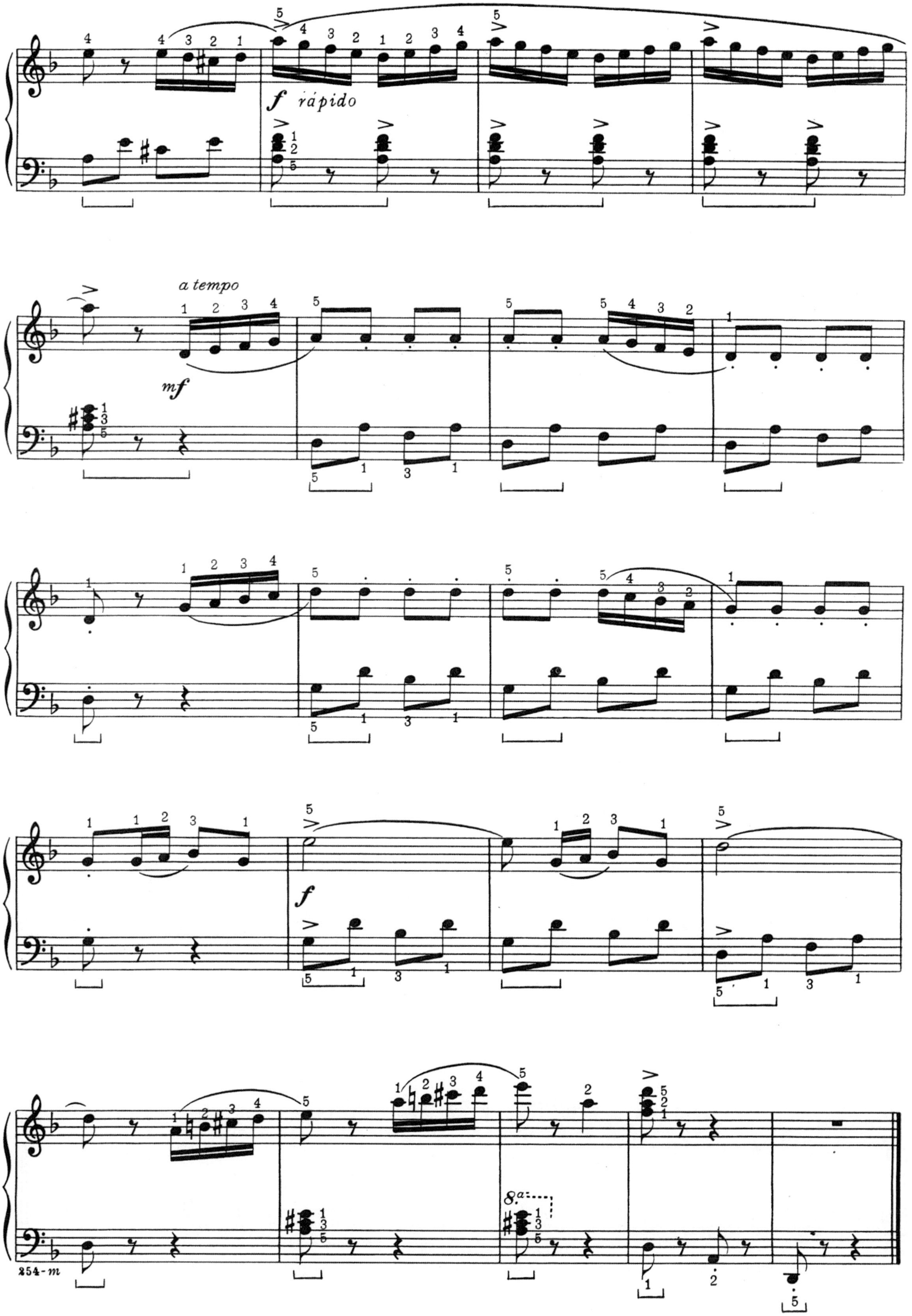
f rápido
a tempo
mf
f
8ª

# CASCATA DE SONS

"VOU TOMAR BANHO NESTA PISCINA!"

MÁGICA DA CROMÁTICA.

A ESCALA CROMÁTICA, PARECE UM CHAFARIZ QUE JOGA A ÁGUA PARA CIMA E CAI COMO UMA CASCATA DE SONS. DÁ ESTA IMPRESSÃO, PORQUE SOBE E DESCE TOCANDO TODAS AS NOTAS PRETAS E BRANCAS.

## ESCALA CROMÁTICA
### MOVIMENTO DIRETO

### MOVIMENTO CONTRÁRIO

# ESCALA CROMÁTICA EM DUAS OITAVAS
## MOVIMENTO DIRETO

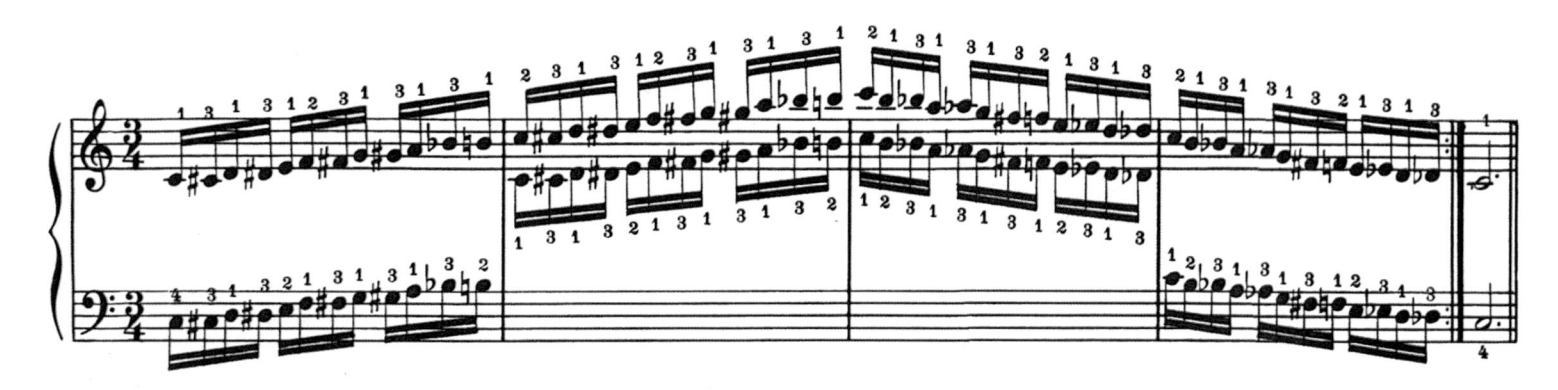

## MOVIMENTO CONTRÁRIO

## ANDAMENTOS

Andamento é o grau de velocidade ou o movimento rápido ou lento dos sons, com o que se executa um trecho musical. Há três tipos de andamentos: lentos, moderados e rápidos.

Geralmente são escritos por palavras italianas. Os mais usados são:

### ANDAMENTOS LENTOS

| | |
|---|---|
| **Largo** | – muito devagar |
| **Larghetto** | – devagar |
| **Lento** | – lento |
| **Adágio** | – mais devagar que o lento |

### ANDAMENTOS MODERADOS

| | |
|---|---|
| **Andante** | – mais lento que o Adagio |
| **Andantino** | – mais que o Andante |
| **Moderato** | – moderado |
| **Allegretto** | – mais rápido que o moderado |

### ANDAMENTOS RÁPIDOS

| | |
|---|---|
| **Allegro** | – depressa |
| **Vivo** | – vivo |
| **Presto** | – rápido |
| **Prestissimo** | – muito rápido |

### O ANDAMENTO PODE SER MODIFICADO DURANTE A EXECUÇÃO

Para apressar o andamento

*Affrettando*
*Accellerando*
*Stringendo*

Para retardar o andamento

*Ritardando*
*Ritenuto*
*Allargando*
*Rallentando*

### ANDAMENTO A VONTADE DO EXECUTANTE

*Ad-Libitum, A capriccio, A piacere, Comodamente*

# O Vôo dos Besourinhos

**PEÇA CROMÁTICA**

— SEU MÁGICO! 1 BESOURO ENTROU DENTRO DO MEU OUVIDO
— É POR ISSO QUE SÓ TEM 9 VOANDO

PARA GANHAR AGILIDADE, COMO OS BESOURINHOS, É PRECISO ESTUDAR TODOS OS DIAS, ASSIM, OS SEUS 10 DEDINHOS FICARÃO PARECENDO 10 BESOURINHOS VOANDO NO TECLADO DO PIANO.

Mário Mascarenhas

Allegro (M.M. ♩ = 132)

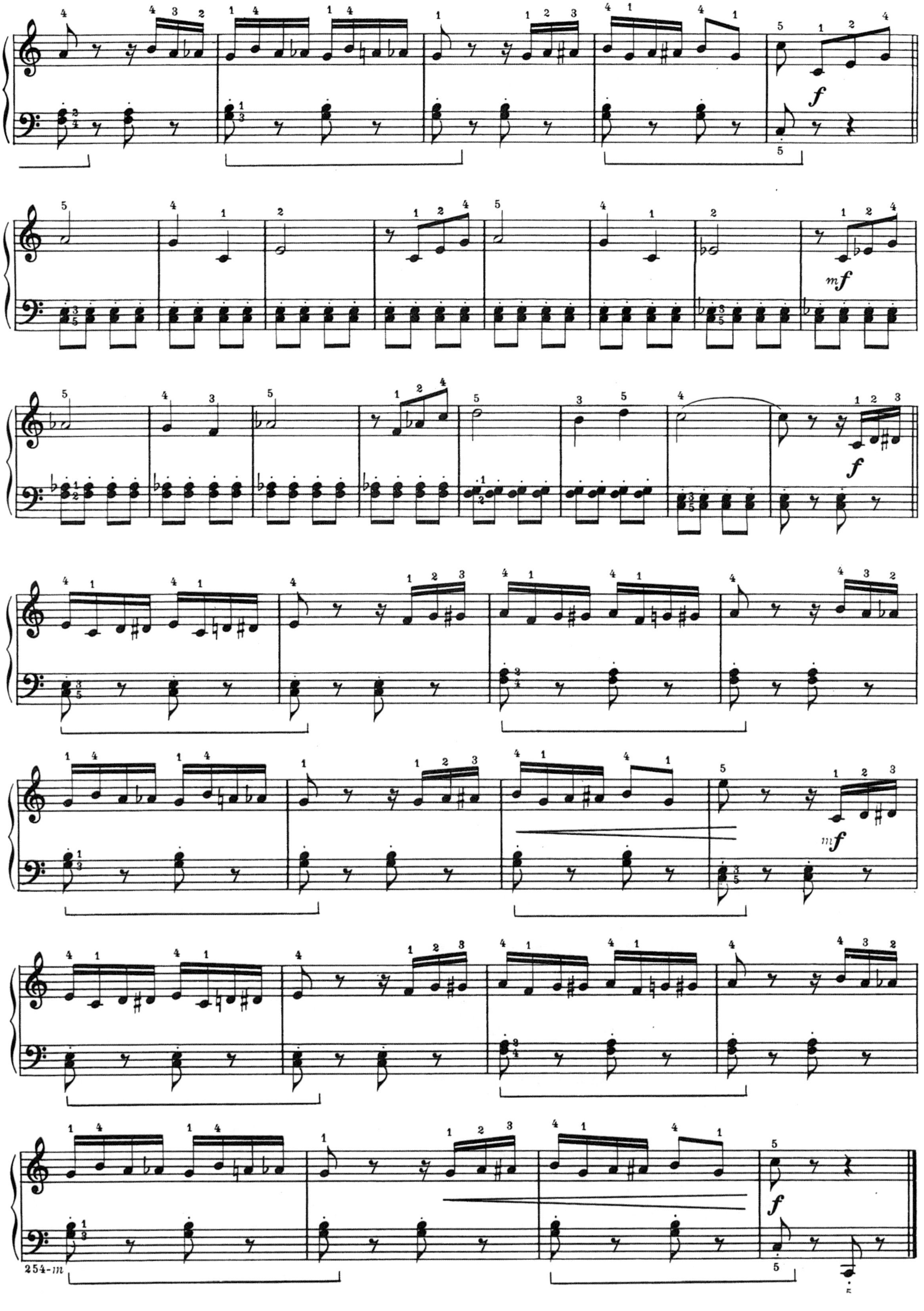
f
mf
f
mf
f
254-m

## MARCHA TRIUNFAL DO COELHO

**CENA FINAL**

E ASSIM TERMINOU O ESPETÁCULO COM A VITÓRIA DO COELHO, QUE CONSEGUIU TOCAR MARAVILHOSAMENTE, ACOMPANHADO PELO QUERIDO E ESPETACULAR MÁGICO.

### QUERIDA CRIANÇA

Guarde para sempre, com carinho e cuidado, este livro. Peça a seu professor que assine o certificado. Quando for adulto e tiver percorrido muitas milhas na "Estrada da Vida", procure-os nos seus guardados e verá com saudades o seu tempo de criança, cheio de inocência, onde tantas risadas deu, acreditando na singela estória do Mágico e do Coelho.

Jamais se esqueça de seu professor e o estime para sempre. Ele lhe deu tudo do que melhor possuía: a Bondade, a Paciência, o Amor e o Saber!

MÁRIO MASCARENHAS

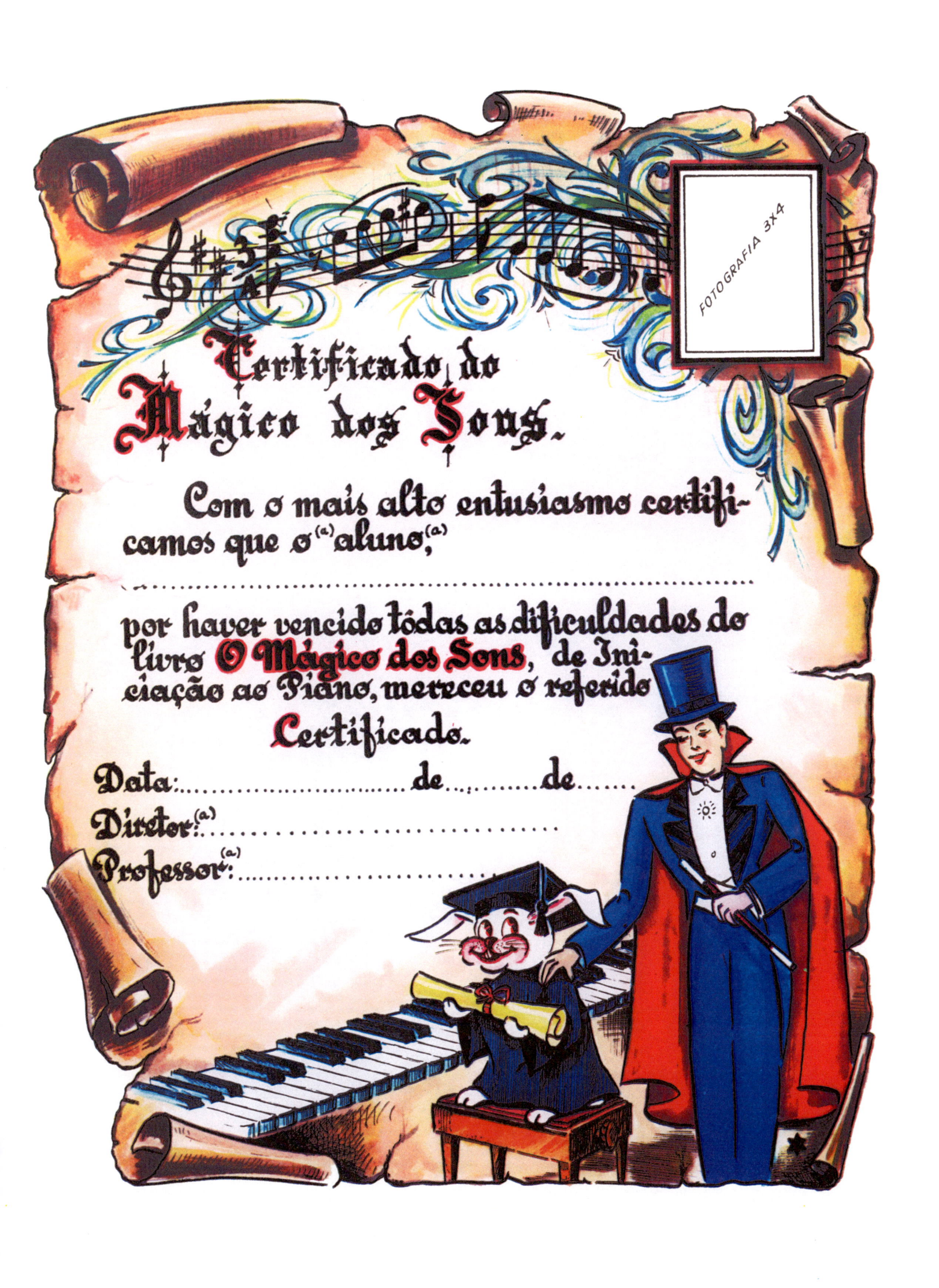

# Certificado do Mágico dos Sons

Com o mais alto entusiasmo certificamos que o⁽ᵃ⁾ aluno⁽ᵃ⁾

..................................................................................

por haver vencido tôdas as dificuldades do livro **O Mágico dos Sons**, de Iniciação ao Piano, mereceu o referido Certificado.

Data:.................... de.......... de........

Diretor⁽ᵃ⁾:..................................................

Professor⁽ᵃ⁾:................................................

FOTOGRAFIA 3X4

**Dados Internacionais de Catalogação na Publicação (CIP)**
**(Câmara Brasileira do Livro, SP, Brasil)**

Mascarenhas, Mário
    Iniciação ao piano : o mágico dos sons / Mário
Mascarenhas – São Paulo : Irmãos Vitale

ISBN nº 85-7407-061-0
ISBN nº 978-85-7407-061-2

      1.Piano – Estudo e ensino
        I.Título

99-1582                                               CDD-786.207

**Índices para catálogo sistemático:**
1. Piano : Estudo e ensino     786.207